図解でわかる！

ディズニー　感動のサービス

小松田　勝

中経の文庫

はじめに

バブル崩壊後、日本経済の低迷が続く中でも、ディズニーランドは好業績を維持してきました。

その最大の理由は、短期間に入れ替わるアルバイトスタッフが従業員のほとんどを占めるにもかかわらず（1万人以上のアルバイトがかかわっている）、DNAとしての「ディズニー・フィロソフィー（哲学）」が従業員の末端まで浸透し、多くのゲストを感動させるサービスを続けているからです。

東日本大震災のとき、自分たちも被災しているにもかかわらず、アルバイトスタッフは機転を利かせたホスピタリティあふれるサービスをスピーディーに実行しました。こうしたことからも、ディズニーの従業員教育はますます注目を浴びています。

このような環境は、どのようにつくられているのでしょうか。

企業には「30年寿命説」というジンクスがあります。東京ディズニーランドはオープン当初、「マニュアルを駆使した商業主義で、安く使えるアルバイト中心だから良いサービスなどできない。だから、3年もすれば他の遊園地と同じように飽きられる」と評されていました。

しかし、そんな風評はどこへやら。30年近くも一人勝ちを続けています。むしろアルバイト中心のサービスがディズニーを支える基盤となり、お客様を呼び込んでいるのです。

さらには、隣接する海を利用したクルーザーの航行を計画するなど、新しい施設やイベントを次々と生み出し、今ではミッキーマウスをしのぐ人気を誇る「ダッフィー」（熊のキャラクター）などの新商品を生み出す好循環をつくり出しています。

ディズニーランドの最大のカラーを一言で表現すれば、「徹底力」です。「ディズニー・フィロソフィー」をアルバイトにまで知らず知らずのうちにインプリント（刷り込み）するシステムが「底力」となって、ディズニーランドの快進撃を支えているのです。

私はオープン当初の約5年間、食堂部の教育担当と人事部診療所のスーパーバイザーとして東京ディズニーランドに在籍していました。

ディズニーランドには開園当初から、サービスやオペレーションのレベルアップを目指す企業がベンチマークのために視察に訪れています。

その評価の多くは「楽しい」「清潔でキレイ」「完璧《かんぺき》な施設」「ホスピタブルなサービスが徹底されている」というものですが、一方で、「人口の多い首都圏だから、お客様も従業員も集まる」「首都圏には高所得者が多く、料金を高めに設定できるから」「交通の便が良いから」といった否定的な評価もあります。しかし、そのような立地でも苦戦をしている商業施設は数多くあります。

30年近く教育とコンサルテーションを続けてきた私の経験からいえば、良い企業は「理念の明確化と徹底」が核となり、「従業員教育」と「組織運営」がしっかりと機能しています。

ディズニーランドは、「ゲストの立場に立つ」「細部にこだわる」「毎日が初演」「パークは永遠に完成しない」「すべてのゲストがＶＩＰ」などの理念を大切にしています。

こうした理念が、徹底した従業員教育や組織運営を通じて従業員に伝えられ、彼らの中に息づいています。これこそが、お客様を感動させるサービスの源泉となっているのです。

本書は、「感動のサービス」のベースとなるディズニーランドのホスピタリティはどのように生まれるのかをテーマに、ディズニーランドで実際に起こったエピソードをまじえながら、わかりやすく解説しています。

本書が、サービスの向上を目指す読者の皆さまのビジネスの参考になることを心から願っています。

2011年8月吉日

小松田　勝

Contents

Contents

Contents

Contents

Contents

本書に登場する主なディズニー用語集

▶ゲスト

ディズニーランドを訪れるお客様。ディズニーランドは、お客様をカスタマー（顧客）ではなく、招待した賓客と考えている。

▶キャスト

ディズニーランドで働く従業員（正社員、アルバイトなど）のこと。

▶準社員

パート・アルバイトなど正社員ではない従業員。

▶カストーディアル

ディズニーランドの清掃業務を担当する従業員。

▶パーク

ディズニーランドとディズニーシーの略称。

▶テーマ・ショー

アトラクションやショーなどを含むディズニーランドで行なわれているすべてのこと。

▶オンステージ

ディズニーランド内のお客様が見ることができるエリアのこと。

▶バックステージ

ディズニーランド内で、基本的にゲストが入れない舞台裏のエリア。

▶アトラクション

ディズニーランド内の施設や乗り物、劇場などのこと。

▶ショーライド

お客様が乗り物で移動し、体感しながら楽しむアトラクション。

▶スリルライド

スピード感のある乗り物。

▶キューライン

お客様がアトラクションなどを楽しむ前に並ぶ列。

▶SCSE

ディズニーランドが大切にする運営の基本理念。「S」（＝Safety）は安全性、「C」（＝Courtesy）は礼儀正しさ、「S」（＝Show）はショー、「E」（＝Efficiency）は効率を指す。

第1章

お客様を感動させる
ディズニーの哲学

1 ディズニーがいちばん大切にしていること

ディズニーランドが生まれたキッカケ

人は人生で必ず何回か、大きな障害や問題などにぶつかります。
そのときの対応方法は人それぞれですが、楽しいことを思い浮かべながら生きることができれば、「人生にはこんなに楽しいことがあるんだから……」と再度チャレンジする勇気やエネルギーがわいてくるものです。

ウォルト・ディズニーがディズニーランドをつくったキッカケも同じでした。仕事や人生の疲れを癒《いや》すために、欧州旅行をしたときに得たヒントが「ディズニーランド」を生み出したのです。

デンマークのコペンハーゲンにある「チボリ公園」に行き、「営利的でなく、人々が思いおもいに過ごす憩いの場」を肌で〝体感〟したときにひらめいたものでした。

ウォルト・ディズニーは20歳の頃にアニメーションの製作会社、「ラフォグラム・フィルム社」を興しています。しかし、ビデオの版権を大手の映画配給会社に騙《だま》されて取られてしまったり、アニメーターの稼ぎ頭などが競合相手に引き抜かれ、売上が急減するなど、いくつもの辛酸をなめながら経営をしていました。

そこで、たまの休みに家族を近くの遊園地に連れて行って家族サービスをするのですが、そのたびに「子どもは乗り物に乗せても、親はベンチでピーナッツを食べているだけ。家族一緒に楽しめないのはなぜだろう？」「施設は汚くて、スタッフのサービスが悪いのに、なぜお客様は来ているのだろう？」などと感じていました。

ところが「チボリ公園」は、園内はキレイで清潔。家族が一緒に楽しめる。そして何より気に入ったことは、スタッフサービスのレベルの高さでした。

ウォルト・ディズニーはチボリ公園に、アメリカの遊園地にはないものを感じ、多くの人々の心を和ませるような「ファミリー・エンターテインメント」がかなう施設をつくりたいと思うようになりました。

お客様が感動し続けるワケ

一般に、たくさんのお金をかけて施設や商品などをいったんつくってしまうと、当然ながら簡単に変えることができないため、完成した時点から劣化が始まります。

同時に、現在のような情報化の時代には、競合相手がそれ以上のことをすぐにやるようになります。そのため、お客様の興味はすぐに冷めてしまったり、他の競争相手に目が向いてしまいがちで、何度か来てくれたお客様でもすぐに飽きてしまうものです。

しかし、京都の老舗《しにせ》などにみられるように、古くても立派に存続し続けている例も少なくありません。この事実は、時間が経ったからといって、必ずしも価値が失われるわけではなく、磨き続ければお客様の興味がなくなるわけではないことを示しています。

古いものの価値が廃《すた》れてしまうのは、お客様にとって使い勝手が悪くなったり、スタッフの労働意欲が低下したり、旧態依然とした状態を続けることで、

〝売りもの〟を陳腐化させてしまうからです。

長く続いている良いものは、例外なく、スタッフが試行錯誤しながら磨き続けてきたものなのです。

いくら巨費を投じて施設をつくっても、そのままの状態を続ければ、お客様は何回か通ううちに飽きるものです。ウォルト・ディズニーがチボリ公園で感じたように、お客様の感動を呼び、それを継続させるには、施設に〝魂〟を入れることが欠かせません。施設やハードを活《い》かせるスタッフの存在が欠かせない理由がここにあります。

つまり、「テーマ・ショー」（アトラクションやショーなどを含むディズニーランドで行なわれているすべてのこと）を維持する施設や雰囲気と、「ゲストとのコミュニケーション」を高いレベルで続けられるキャストの存在、この2つのバランスがとれていなければ、感動を呼び続けることはできないのです。

決してお金儲《もう》けだけに走らず、ビジネスを行なう企業として「何をどのようにして売るのか」というスタンスを明確にした理念が必要になります。

ウォルト・ディズニーが「ディズニー・フィロソフィー（哲学）」を生み出

し、それが今もなお、すみずみまで行きわたっていることが、ディズニーランドの継続的な成長を支えてきたのです。そしてその精神を奥底まで追求し、忠実に守りながら具体的な形に落とし込んでいくプロセスが「ゲストに感動してもらえるシステム」として開花しました。

ディズニーランドは「地上の楽園」

ウォルト・ディズニーは、**地球上でいちばんすばらしい〝人工的につくられた〟楽園**をつくろうとしました。そこで生まれたのが、「できるだけ自然に近い状態」でのエンターテインメント施設としてのディズニーランドです。

感性が鋭く、人に対する愛情にあふれたウォルト・ディズニーは、自分や家族、また長い映画製作の経験から、多くのお客様がどのようなことに感動し、自然に受け入れてくれるかということを十分に理解していたのです。

お客様は、たとえ人の手でつくられたものであっても、完璧な状態のものであれば、その臨場感に感動することも知っていました。

最初のチャレンジは、1928年に「蒸気船ウィリー」というアニメビデオ

お客様を感動させるもの

テーマ・ショーを維持する
立派な設備と雰囲気

＋　　＝　**感動**

ゲストとのコミュニケーションを
高いレベルで続けられる
優秀なスタッフ

Point

どちらか一方だけでは感動を呼ばない。
やがて飽きられてしまう

で実現しています。この作品では、世界で初めて映像と音響を融合させたことで、それからの映像の世界を劇的に変えています。

しかし、いくら夢のある楽しい完璧なアニメビデオをつくっても、上映する映画館を借りる必要があります。タバコの煙でスクリーンがくもり、食べたり飲んだりする雑音が絶えず、ゴミが落ちている不潔な映画館の中で、子どもたちに夢や希望を語っても、しょせんは現実の世界にすぎません。

そこで、ウォルト・ディズニーは映画ビジネスを前進させて、「テーマパーク」という巨大な〝映画館〟をつくり、「地上の楽園」を完成させることを考えたのです。

この施設の建設には大変なこだわりを持って当たります。映画の世界の技術などを駆使しながらエンターテインメントビジネスの世界に進出し、ゲストが感動を覚えるような、完璧な環境をつくることにしたのです。

ロボットを本物のように動かす「オーディオアニマトロニクス」、ゲストの注目を集め、引き寄せる「ドロー・コンセプト」、建物などをわざと古く見せる「エイジング」手法など……。

さまざまな技法を生み出し、映画では実現できなかった世界を目指したのです。そして、五感に訴えることで、ゲストとコミュニケーションを楽しめるような完璧な「テーマ・ショー」の世界をつくり出しました。

「青虫も大切な生き物」

東京ディズニーランドがオープンして数カ月後、私がワールドバザールのレストランに3カ月間実習に出たときのことです。オープン前に店舗の周辺をチェックしていると、大きな青虫が地面をはっています。そのときちょうど、カストーディアル（清掃担当キャスト）の日本人キャストと、60歳くらいのアメリカから来た助っ人のスタッフがその場を通りかかりました。

若いカストーディアルが、青虫をクツで踏みつぶして捨てようとしたところ、アメリカ人のスタッフは急に気むずかしい顔になり、キャストの手からトイブルーム（ほうき）とダストパン（ちりとり）を取り上げ、生きているまま青虫を丁寧に掃き取り、こう言ったのです。

「バックステージ（基本的にゲストが入れない舞台裏のエリア）の植栽に放し

てきなさい！」

「青虫は害虫ではない。大切な生き物だ。ウォルトは青虫も命ある生き物として映画に登場させている。僕は若い頃ウォルト・ディズニーと仕事をしていく中で、彼から生き物やモノの大切さを教えられた。ウォルト・ディズニーがいなかったら、僕はここにいないんだ」

若いキャストに厳しく、そしてやさしく教えている。あのときのシーンは、今でもハッキリと脳裏に焼きついています。

このとき、私はディズニーランドに入って初めて「ウォルト・ディズニーのホスピタリティの世界」を肌でじかに感じました。この青虫のエピソードは、その後の私の仕事のスタンスを決める、大きなインパクトのある体験となったのです。

ご主人の転勤で一緒にアメリカに行き、ディズニーワールドで掃除の仕事を経験した主婦の言葉も、いまだに印象に残っています。

「ディズニーワールドはアメリカでいちばん安全でキレイな場所なの。そこで働いている人もインテリの人が多くて、働くことがとっても楽しかったわ。だから、日本にディズニーランドができると聞いて、ぜひここで働きたいと思って応募したんです」

ウォルト・ディズニーが心から大切にし、それを具体的な形にしながら多くの人々に与え続けてきたすばらしいものを、キャストの方々を通じて身近に体感することができたことに、私は感謝の念を禁じ得ませんでした。

チボリ公園での感動とヒラメキをディズニーランドという形で結実させたウォルト・ディズニーはこう言っています。

「私たちは世界でいちばんすばらしいところを夢見て、創造し、デザインし、つくることができる。しかし、その夢を実現するのは人である」

これが、ディズニーランドが大切にしているものなのです。

2 お客様はゲスト、従業員はファミリー

ディズニーの「哲学」へのこだわり

たとえ小さな規模の企業であっても、組織にはさまざまな考え方や境遇の人々が参画するため、まとめていくのはたやすいことではありません。まして、企業の規模が大きくなったり有名になったりすれば、それだけ多くの人たちをまとめていくことはむずかしくなります。

そのときに全員の方向性を決めるのが、最終的な目的である「企業理念」であり、それを効率よく形にするための手段や方法をわかりやすく示した「哲学」や「ビジョン」「ポリシー」などです。

ウォルト・ディズニーは「テーマパーク」という巨大エンターテインメント施設を成功させ、ゲストの感動を呼ぶ環境をつくり続けるために哲学を明確にし、細部にまでこだわりました。

ディズニー・ファミリーの一員です！

ウォルト・ディズニーは、祖父の代にアイルランドからアメリカに渡った移民一家に生まれました。真面目《まじめ》な父と、しっかりとしていて明るい母、強い家族愛や親戚愛の中で育てられたことが、ウォルトの人格形成に大きく影響しています。さまざまな困難な経験を重ねたことにより、「家族全員が一緒になって楽しめること。それが最高の幸せだ」という考え方を持っていました。

だからこそ、自分が家庭を持ったあとに、家族と一緒に遊園地へ遊びに行ったとき、年齢差を超えて親子が一緒に遊べないことに疑問を感じ、チボリ公園からディズニーランドのアイデアを生み出せたのでしょう。

ウォルト・ディズニーは、「ディズニーランドのお客様はカスタマー（顧客）ではない。ゲスト（招待した賓客《ひんきゃく》）である」とも教えています。

「ディズニーランドは大切なゲストをファミリーに招くようなところ」という哲学を掲げたのです。その象徴は、高さの違うペアの水飲み場。家族で来園したゲストの親子が一緒に心を通わせながら、同じ目線で水を飲めるようになっています。そうしたことから、ゲストを一緒に歓待する人たち、つまりキャストを「ディズニー・ファミリー」というようになったのです。

そして、**ディズニーは、CS**（Customer Satisfaction：顧客満足）**のレベルを高くするために、まずES**（Employee Satisfaction：従業員満足）**を重視するのです。**

準社員（パート・アルバイト）の入社時の研修が終わると、「おめでとう！今日から皆さんはディズニー・ファミリーの一員です」と祝福されます。

その後も先輩キャストは、後輩がキャストとして独り立ちできるまでコーチングし、フォローしながらディズニーの伝統である「ホスピタリティのDNA」を刻印していくのです。

準社員は、立場としてはパートやアルバイトですが、彼らの日頃の苦労をねぎらうために実施するイベントにも「ディズニーの心」が現れています。いつも私服の正社員がコスチューム（舞台の衣装）を着て、私服姿の準社員をゲストとして接待する「準社員感謝デー」の開催や、「カヌーレース」「スキーツアー」、年に1回積み立て式の低価格で行なわれる「アメリカのディズニーラ

キャストとゲストの定義

Point

お客様は「顧客」（カスタマー）ではない

ンド研修ツアー」などのイベントがあります。

特に、「ミニーマラソン」などは、ディズニーのES重視を端的に示すものといえます。パーク内に3キロ、5キロ、10キロなどのコースを設け、準社員が役員などと一緒に参加できるようになっているのです。

準社員がファミリーの一員である事実は、1965年、多忙を極めていたウォルト・ディズニーが、自分の代理役として設置した「ディズニーランドの親善大使」である〝アンバサダー〟に準社員を起用したことにも表れています。

アンバサダーは、日本国内はもちろんのこと、海外にまで営業活動に訪れ、社会施設や医療施設での福祉活動や広報、プロモーション活動を行なっています。さらには、パークでのイベントやショーなどのコーディネート役などもこなします。任期は1年ですが、これまで多くの20代前半の若い準社員が「ディズニー・ファミリー」の一員として起用されてきました。

クリスマスツリーの準備は1年がかり

東京ディズニーランドの営業は基本的には毎日、同じスタンスで行なわれていますが、1年でいちばん華やかな気分になるのはクリスマスシーズンです。

欧米では昔から、おもに家族と過ごし、家族同士がプレゼントを交換する習慣があります。日本でも徐々にそのような傾向になってきているので、多くの家族やカップルが押し寄せる時期でもあります。パークは、1年中でいちばんファンタスティックな雰囲気に包まれます。

パレードの内容やパークのインテリアなどが変わり、柱につけるバナー(Banner：旗)やその脇《わき》にアレンジする植栽などもクリスマス用に変えられます。レストランや販売されている多くの商品も、クリスマス仕様になります。

なかでもゲストからいちばん注目されるのは、毎年ワールドバザールの十字路の真ん中に設置され、その天井まで届きそうな「もみの木のクリスマスツリー」でしょう。ツリーには、たくさんの豆電球やオーナメントが飾られ、ゲストがゲートを通ってくると必ず目につくようになっています。

ゲストをお迎えするために用意されているものですが、担当者はディズニーランドに合う、立派な枝振りのもみの木を、毎年1年がかりで日本中を回って探し出してくるのです。

3 パークは一生完成しない

「テーマパーク」から「テーマリゾート」へ

社会は時代とともに変化し、お客様の趣味や求めるものも変わります。特に、情報化の進展が著しい今日では、変化のスピードは加速しています。これまで以上に商品やサービス、雰囲気や環境などをリフレッシュさせて提供し続けなければ、現在のようなビジネス環境を勝ち抜いていくことはできません。

東京ディズニーリゾートの総面積は、駐車場を含め約48万坪です。その周辺には当初から、将来新しい施設を建設するための広大な土地が用意されていました。

一部は県道などとして千葉県に寄付され、一部はオフィシャルホテル（ディズニーランド周辺にある相互協力ホテル）建設の場所に使われました。その後、架空の歴史にまつわる物語をテーマにした商業施設「イクスピアリ」が誕生したのに続き、海をテーマに約22万坪の「ディズニーシー」をオープンさせ、「テーマパーク」から「テーマリゾート」に生まれ変わりました。

永遠に創造され続ける場所

東京ディズニーリゾートの中にある施設も30年近く経って大きく変貌《へんぼう》しています。当初は5つだったテーマランドは、ランドとシーを合わせて14に、32のアトラクションは78に、32の飲食施設は93に、そしてショップ(物販店舗)施設は39から92に、それぞれ増えています。

ショーやパレードなども新しいものに変えられ、ゲストの感動を継続して獲得できるように工夫し続けているのです。また、キャストに対しては、「慣れ」によりオペレーションが惰性に流されることがないように、きめ細かく、厳しくも楽しい研修を間断なく繰り返しています。

つまり、ディズニーランドは「完璧にできあがっていて、これ以上何もすることがない」という場所ではありません。**パークは永遠に創造され続ける場所であり、一生完成しないのです。**

4 ディズニーは非日常の空間

15分以内にゴミがなくなる清潔さ

毎日の生活や仕事でいろいろな問題を抱えて疲れているゲストが、わざわざ休みをとってまで来園し、さらにはリピーター化するには、「夢と冒険」のエンターテインメント施設として、日常から完璧に乖離《かいり》した空間になっていなければなりません。

ここで、いちばん注意していることのひとつがクレンリネス（清潔さ）です。ディズニーランドは、ここにいちばん費用をかけています。「ゲストに非日常を体感してもらうには、まずパークの清潔さが大事だ」ということにウォルト・ディズニーがこだわったからです。

どんなにパーク内が混雑していても、昼間のカストーディアル（清掃担当キャスト）のテリトリーが決められ、15分以内にゴミがなくなるようなシステムになっています。

夢の国がゴミだらけで汚れていては、ゲストがリピートするわけがありません。オンステージ（ゲストが見ることができるエリア）上は、ゲストが帰ったあと、ゲストには決して会うことがない何百人という夜のカストーディアルによって水洗いがされます。その基準は、「赤ちゃんがハイハイしても汚れないように」というものです。すみからすみまで「家庭の掃除」をするような徹底した掃除が行なわれているわけです。

毎日水洗いされるゴミ箱

ゴミはできるだけゲストに見えないように処理すると同時に、臭いなどが出る前に速やかに収集しなければなりません。

そこで、トラッシュ缶（ゴミ箱）は、速やかにゴミ収集用のワゴンに積めるように、中の容器を軽くしたシンプルなものにしています。

パーク内では、基本的にはファストフード用のコップや皿などの紙ゴミや、アイスキャンディーなどの木の棒、軽いプラスチックしかゴミとして出ないように工夫されています。これらの回収されたゴミはバックステージに集められます。そして専用のゴミ回収車でバックステージの焼却場まで定期的に運ばれ、処分されるのです。

約800あるトラッシュ缶はすべて、パークオープン前に毎日水洗いされます。それを拭《ふ》いたあと、消毒液やツヤ出しが噴霧され、ピカピカになった状態でセッティングされるようになっています。

オンステージには自動販売機を設置しない

機械の導入は生産性を上げるための重要な手段ですが、人とのコミュニケーションを高めるものではありません。そのためディズニーランドでは、ゲストのいないバックステージなどには自動販売機を多く設置していますが、ゲストのいるオンステージには原則として設置していません。

ディズニーランドでは「Hand To Hand」「Heart To Heart」がサービスの基本になっています。つまり、本当の感動は、人と人とのコミュニケーションの中、もしくは神秘的な大自然の中からしか得られないという考え方です。

ただし、現在ではパーク内の３カ所に自動販売機があります。人気の売店やワゴンに長い行列ができてしまうため、「ゲストをお待たせしてはいけないと」いうホスピタリティの精神から、〝実験的〟に設置されています。

商品の搬入は地下トンネルから

ディズニーランドがゲストを集め、ビジネスとして単に儲けることを目指していたら、珍しいものや一般受けするものを導入し、人件費を削るでしょう。ゲストから見えないようなところにお金をかけることもしないはずです。

しかし、ディズニーランドはまったく違う哲学で運営されています。たとえば、**パークの地下にトンネルを掘り、ゲストにゴチャゴチャした状態や汚いものなど、「日常の世界」を見せないようにしています。**

春休みやゴールデンウイーク、夏休み、年末年始といったピークシーズンには毎日10万人を超えるゲストが来園しています。

飲食物やショップの商品なども飛ぶように売れます。だからといって、食材や商品などを搬入する際に、車両や台車などを店の真ん前に横づけにして行なっていたのでは、ゲストの邪魔になるだけで、エンターテインメントやショーにはなりません。

そこで、そのような光景をいっさい見せないために、トンネルに食材や商品などの搬送用トラックを通し、店舗の裏から運び入れるようにしているのです。

アトラクションなどの機械に故障が起こった場合も、工具などを持ったキャストが何人も、オンステージ上をバタバタと走ったり、緊急用の車両が当然のように通行していては、ゲストが不安になるだけで、非日常とはほど遠い施設になってしまいます。

ディズニーランドが地下道にお金をかけているのは、エンターテインメントの質を高める「価値のあるもの」と考えているからです。

オフィシャルホテルの高さは12階以下

ディズニーランドの周囲には約7万坪のホテル用地があり、そこにオフィシャルホテルが5つ建っています。当初はゲストが大勢来るという想定で大きめに計画され、すべてが15階以上でした。

そこへアメリカのディズニーランド社から、ホテルが計画どおりつくられた場合をシミュレーションしたイメージ画が送られてきました。それが周囲とのバランスから見て、あまりにもテーマ・ショーに大きな影響を与えるということで、すべて12階以下、最高50〜55メートルまでの高さに修正されました。

ゲストがせっかく非日常のパークにいるにもかかわらず、ホテルの部屋から覗《のぞ》かれたのでは現実の世界に引き戻されてしまうという考え方からでした。非日常は、ディズニーがこだわる重要なテーマなのです。

ゲストに隠された大規模なバックステージ

ディズニーランドには、基本的にはゲストが入れない「舞台裏」、つまりバックステージが用意されています。

劇場の舞台でも、大道具や小道具、化粧室などの舞台裏がなければ舞台の準備ができませんし、レストランに厨房《ちゅうぼう》がなければ料理ができません。同じように、ディズニーランドも、ゲストの感動を呼ぶための準備をする広大なスペースを用意しています。

たとえばパレードでも、1回に400～500人のエンターテインメント部のスタッフとフロート（装飾されている車）がバックステージでスタンバイしており、時間になると扉が開かれて出てきます。もしそれらが、準備段階からゲストにじっくりと見られていたのではショーにはなりません。

また、かなり大きなショーライド（ゲストが乗り物で移動し、体感しながら楽しむアトラクション）の施設も、オンステージ上からではさほど大きくは見えないものが多いのですが、残りの部分がバックステージに隠されていて、中に入らないとわからないようになっています。「ショーにならない部分は、いっさいゲストに見せない」ことを基本にしているからです。

この他にも消防車が待機している「ファイア・ステーション」や「ウエスタンリバー鉄道」の引き込み線、また料理類の下準備を行なっている「メインキッチン」や商品倉庫の「ウエアハウス」、コスチュームなどを貸し出す「ワードローブ」、あるいはゴミの焼却施設や花火の打ち上げ場、研修施設や社員食堂施設など、テーマ・ショーを支えるためのさまざまな大規模な施設がバックステージに用意されているのです。

ゼネコンの仕事のやり方を変えた工事用フェンス

東京ディズニーランドがオープンする以前は、日本の遊園地などでリニューアル工事をする場合、泥だらけの工事現場や工事用の機械を放置していてもおかまいなしでした。お客様に、それもショーの一部のように見せていたのです。

しかし、東京ディズニーランドは「非日常」を大切にしているので、キレイな工事用フェンスで周囲を覆い、楽しくない場面をゲストに見せないようにしました。さらには、「どのような施設が、いつまでにできあがりますのでご期待ください」というインフォメーション用のボードを設けてアナウンスをし、逆に期待させるようにしたのです。ディズニーランドは、このようなちょっとした部分にもこだわり、ゲストに楽しんでもらうためにお金をかけています。

この方法は、その後、一般の建設工事現場などにも取り入れられるようになり、ゼネコンの仕事の方法までも変えてしまいました。

食べ物は持ち込み禁止

ディズニーランドでは、ゲストが食べ物を持ち込む行為をお断りしています。食べることや飲むことは「日常」の重要な行為のひとつですが、**多くのゲストに感動してもらい、テーマ・ショーを維持するためには、それを「非日常」にしなければなりません。**

たとえば、芝生の上に新聞などを敷いて食事を始められては、場所取り合戦が起きたり、隣近所との食事内容の違いで一喜一憂させたりすることも起きかねません。残されたゴミが散乱していても興ざめです。

同時に、長い時間持ち歩いていたものを食べ、万が一パークの中で食中毒でも起こせば、ゲスト自身が苦しい思いをして、つまらない思い出をつくってしまうだけでなく、ディズニーランドのレストラン部門を保健所などが調べる間、他のゲストに迷惑をかけてしまいます。食べ物の持ち込み禁止は、このような可能性を防ぐための措置でもあるのです。

非日常性を高めるためにしていること

1. ゴミは15分以内に片づける
2. ゴミ箱は毎日水洗い
3. オンステージには自動販売機を置かない
4. 商品の搬入は地下道から
5. オフィシャルホテルは12階以下
6. バックステージはいっさい見せない
7. キレイな工事フェンス
8. 食べ物は持ち込み禁止

Point

日常から完全に引き離すことで
ゲストは「夢と冒険の国」を心から楽しめる

5 「毎日が初演」がリピーターを生む

初々《ういうい》しい緊張感がゲストを感動させる

どんなビジネスでも、ベテランといわれるようになると傲慢《ごうまん》になったり図々しくなったりする人を見かけます。お客様は、スタッフの経験が長いからといって感動するわけではありません。

ベテランでも新人でも、「初々しい新鮮な緊張感」が重要で、それがレベルを高めていくための秘訣《ひけつ》です。

高級ホテルに泊まったり高級車のレンタカーを借りたとき、部屋の一部が汚れていたり、借りたばかりの車の灰皿にタバコの吸い殻がたまっていたら、どんなに泊まりたかったホテルや乗りたかった車でもがっかりし、二度と利用する気にならなくなります。

慣れるほどに初々しい緊張感を失い、お客様の感動からどんどん離れていくことに気づかない人は多いのです。だからこそ、「毎日が初演」を演じ切ることが大切なのです。

企業自体が、「毎日が初演」を演じる環境をつくれる具体的な手法を持っていなければ、リピーターを増やし続けることはできません。

準社員の契約は最長6カ月

ディズニーランドでは、パークの最前線で働くキャストが「毎日が初演」を保てるように教育や訓練、人事考課などを実施していますが、契約システムによっても、その環境を守っています。

そのひとつに、準社員との契約期間を最長でも6カ月とし、それを過ぎたら再チャレンジしてもらうというシステムがあります。万が一、それまでの期間に問題行動などがあれば、再契約はできません。つまり準社員は、日頃のオペレーションを通じて自然にモチベート（動機づけ）されるようになっているのです。

ショーダンサーに毎年課されるオーディション

日本では経験が長かったり、高い職位についていたり、また大きな仕事をやったことがあるというだけで評価を受け、高い地位や仕事が保証される傾向があります。

もしこれが正しいものであるなら、その評価で地位を得た人は皆、過去の経験を活かして良い仕事をし、結果的にすばらしい企業や組織になっているはずです。しかし、現実はまったくそのようにはなっていません。

つまり、慣れなどが傲慢につながり、惰性で現状にあぐらをかくようになるからです。このような状況が続けば、お客様は離れていってしまいます。

東京ディズニーランドのショーを担当するエンターテインメント部のショーダンサーは、毎日のようにレッスン場の鏡の前で、自主的に激しい練習を積んでいます。

それでも、「毎日が初演」を実践するために、全員が毎年のオーディションをパスしなければならないシステムになっています。**年齢や経験年数、テク**

「毎日が初演」を実践するしくみ

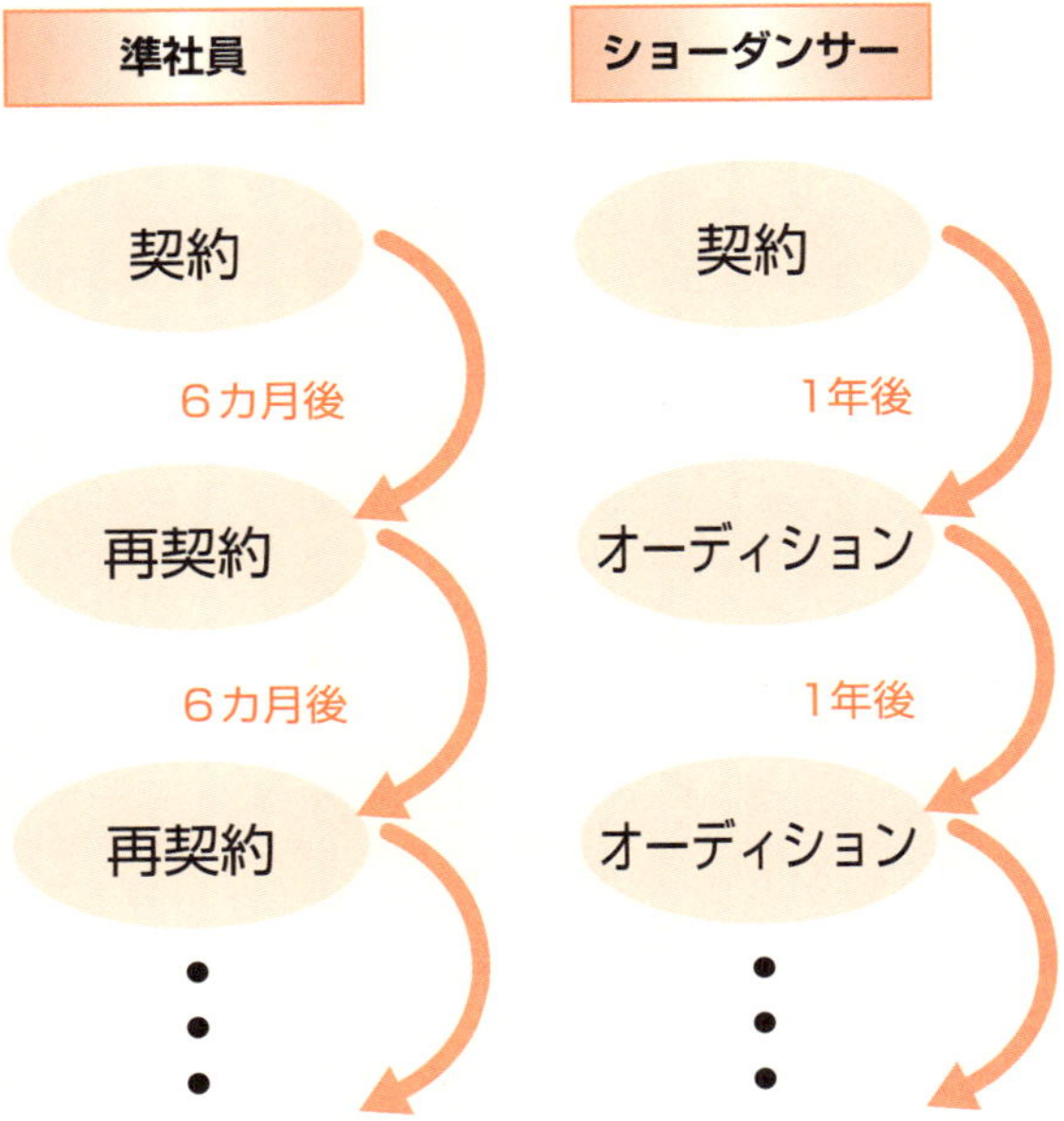

Point

契約期間を区切ると
「毎日が初演」という気持ちを維持しやすい

ニックなどではなく、「ゲストがダンサーの演技に感動するかどうか」という基準で判断されるのです。そして万が一、オーディションを受けるダンサーの中に「初演」を感じられる人がいなければ、海外に行ってでもオーディションをするのです。

キャストを褒め称《たた》える「5スターカード」

どんな人でも同じ仕事を長く続けていると「慣れ」が生じます。それを正す環境がなければレベルは徐々に落ちていきます。そのために定期的な教育や訓練を行なうことは重要ですが、そのあとのフォロー環境がなければ、教育や訓練で経験した緊張感は徐々に薄れていってしまうものです。

ディズニーランドでは入社当初、マニュアルを使用して「スタンダードサービス（決められている標準のサービス）」を教えます。しかし、それだけで終わりにせず、基本的なサービス方法が書かれていて、迷ったときなどに自分で確認できる重要なアイテムが用意されています。

そのいちばん小さなサイズのものが「ゲストサービス・ガイドライン」とい

うシンプルな名刺大のカードです。常に胸ポケットに入れておき、セルフチェックができるようになっています。

さらに、「ゲストサービス・ガイドライン」のカードに書かれた内容を実践させるために、「5（ファイブ）スターカード」をつくって、役職者に持たせています。これは、**同じ部門のキャストにかぎらず、良いサービスをしている場面を見つけた場合、そのカードを渡してキャストを褒め称えます。**

カードには、「Congratulations! あなたのすばらしさを称賛します！ これからもたくさんのゲストにハピネスをプレゼントしてください」などと書かれています。

このカードは、1枚でディズニーの非売品のノベルティー（記念品）が当たり、5枚たまると1年に2回開催される「5スター・パーティー」に参加できるようになっています。こうして、自然に「初演」の良いサービスを維持できるようにシステム化しているのです。

6 すべてのゲストがVIP

準社員からトップまで総出でお出迎え

ウォルト・ディズニーはこんな言葉を残しています。

「私たちは王様や女王様をもてなすことが好きだ。でも、ここではすべての人がVIPなんだ」

これこそウォルト・ディズニーの考え方そのもので、ディズニーランドで多くのゲストが感動するゆえんでしょう。「有名人だから」とか「知人だから」とご都合主義の便宜を図っていたら、感動を呼ぶどころではありません。たとえ国が違って言葉が通じなくても、また文化が違っていても、年齢などにも関係なく「その人に合わせた配慮」をしなければなりません。

「東京ディズニーシー」オープンのときにも行なわれたことですが、ディズニーランドでは特別なイベントの発表日などには、準社員から役員、トップまで総出でゲート付近に並び、来場するすべてのゲストの方々を笑顔と拍手でお迎えします。こうした**ゲストを差別せず歓待する行為こそが、ディズニーの根底にある姿勢**なのです。

有名人でも特別扱いはしない

この哲学の実践を現実にハッキリと「ゲストとしての私」が目にしたのは、2001年9月2日のディズニーシーのプレミアム・パーティーに行ったときのことでした。

当日は、招待されていた政財界の面々から芸能人、プレス、ディズニーランドの業者関係者まで、2万人弱の人たちでごった返していました。

オープンの30分くらい前だったと思います。ゲート前に多くのゲストが並んでいるところへ、うしろから来たある年配女優が、並んでいる人たちを少々気にしながら、ゲート近くの女性キャストに何か話しかけたのです。そのときのキャストは穏やかでしたが、毅然《きぜん》とした態度と表情で対応していました。その後、その女優は、何かバツが悪そうに列の最後に並びました。

ディズニーシーのアトラクション「海底2万マイル」のキューライン(Queue Line：ゲストが一列に並ぶライン)に並んでいたときの光景は、「すべてのゲストがVIP」というディズニーの教えそのものでした。女優の賀来千香子さんが他のゲストと同様、楽しそうにラインに並んでいました。ラインが進んでいくと、故・後藤田正晴衆議院議員がショーライドを降りてうれしそうに出てきました。

また、小沢一郎衆議院議員と当時の中谷元防衛庁長官も取り巻きを連れ、亀井静香衆議院議員はその日の午前中にテレビ出演したままのスーツ姿で「ヴェネツィアン・ゴンドラ」に乗っていました。さらに、ソフトバンクの孫正義社長は、「インディ・ジョーンズ・アドベンチャー」の近くにあるイスに、1人で腰かけていました。

他にも有名人が多く来ていましたが、ディズニーランドはゲストに貴賤《きせん》なく楽しめる環境をつくっていたのです。これこそ、まさにディズニーランド成功の秘訣であると私は感激し、その立ち上げに携われたことを誇らしく思いました。

7 「安全性」が最優先

運営の基本理念「SCSE」

「完璧なテーマ・ショーを維持する」ためには、舞台や環境をパーフェクトな状態でつくり上げなければなりません。そのため、テーマとその具現化を可能にする現実的な〝ストーリー〟が必要になります。

ウォルト・ディズニーは、「夢と魔法の国」の実現のため、こだわりを持ったハードづくりを行ないました。さらにゲストの感動を呼び起こすオペレーションを徹底するため、基本的な運営方法のスタンスを決め、それらにプライオリティー（優先順位）をつけました。

それが「SCSE」なのです。「S」（＝Safety）は安全性、「C」（＝Courtesy）は礼儀正しさ、「S」（＝Show）はショー、「E」（＝Efficiency）は効率を表しています。

ウォルト・ディズニーは、夢や冒険をテーマにしてディズニーランドをつくりました。しかし、いくら冒険とはいえ、本当に危険ではショーにはなりませんし、エンターテインメントとはいえません。

「安心しながらスリルが味わえて楽しめること」

ディズニーランドが目指すものとして、いちばん最初に重視したものが「安全性」です。

不審者の侵入を防ぐセキュリティー

ディズニーランドにはスリルライド（スピードのある乗り物）や、たくさんのゲストに食事を提供する施設などが数多くあります。

万が一、不審者の侵入などによっていたずらされ、ゲストが巻き添えになってしまうようなことがあれば、安心して遊んではいられません。

そのため、現在では多くの企業でも採用されているIDカードを、オープン当初からキャスト全員に持たせて身分確認を実施し、バックステージに入るときにセキュリティーブースでチェックをしています。

運営の基本理念「SCSE」

「S」(Safety)　安全性

「C」(Courtesy)　礼儀正しさ

「S」(Show)　ショー

「E」(Efficiency)　効率

↑ 優先順位

Point

すべてにおいて「安全性」が優先される

業者の方々が打ち合わせで訪れる際には、社名や氏名、訪問場所などを記入し、セキュリティーパスをもらってから入るようになっていますが、その際、訪問場所の担当者に必ず確認をとることになっています。

一度も大きな事故が起きないワケ

夢が持てる施設にするには、ゲストだけではなくキャストにとっても、安全な状態が十分に約束される場所にしなければなりません。

そのために、パークが営業している間のメンテナンスはもちろんのこと、フライトが終わって再び飛び立つ旅客機が、次のお客様を乗せるまでの間、十分な点検確認がなされるように、パークがクローズしたあとのアトラクションにも、しっかりとしたメンテナンスが夜を徹して行なわれています。

ひとつのアトラクションにつき何百という項目を、チェックリストを使って一つひとつ点検し、決められた使用期間を経過した部品は、たとえまだ使えるものであっても取り替えます。つまり、毎晩、行なわれているメンテナンスでは、問題箇所があれば当然その修理も行ないますが、問題が起きないように完全な形で事前に整備しておくのです。

点検終了後、ショーライドは当日のパークオープンに合わせ、毎日２～３時間前から完璧な状態になるまで最終調整が行なわれます。

東京ディズニーランドは、オープンして30年近くが経ち、ゲスト数は２０１０年に５億人を超えています。そして注目に値するのは、これまでに大ケガなどを負わせるアトラクションの事故を一度も起こしていないということです。

「スリルライド」の制限

一般にジェットコースターと呼ばれている乗り物は重力が２Ｇになります。つまり、体重が２倍になるので、安全が確認できる人しか乗せることができません。

たとえば、心臓に持病を抱えていたり、脳の手術などを受けている人などは、危険な状態になりかねないので、乗れないようになっているのです。しかし、そのようなことは、外見だけではわからないことが少なくありません。

そこでディズニーランドにあるジェットコースター系の「スリルライド」に

は、キューラインに入る前にインフォメーション用の掲示と背の高さを制限する表示がされています。そこには、心臓の持病を抱えている方や妊産婦の方、また具合の悪い方や酔っている方などは乗れないことが書かれているのです。

基本的に、身長の制限は4歳以上で102cm以上になっていますが、アトラクションによって異なります。場合によっては保護者がついていれば、3歳未満でも乗れるものもあります。

こうした制限を設けている理由は、ライドのストッパーなど安全装置の隙間《すきま》から体が擦り抜けてしまったり、重力に耐えることができない事態などを考慮しているためです。

船の下にはガイド用のレール

西部開拓時代のアメリカをテーマにしたウエスタンランドにある外輪船のマークトウェイン号や、トムソーヤ島に渡るいかだも、安全を第一につくられ運行されています。

これらは普通の船のように、水の上に浮いているわけではありません。普通の船を若い社員などに運転させれば、少なからず事故を起こす危険がありま す。船の下にガイド用のレールを敷いて、決して転覆したり座礁《ざしょう》したりすることがないシステムになっているのです。

アメリカ河に毎日潜る潜水作業員

パーク内を流れる「アメリカ河」は、透明の水道水を入れているだけでは浅い河底が見えてしまいます。これでは雄大な自然のイメージをつくり出すことはできません。

そこで、大きさも深さもあるように見せるために、水に自然な青緑色をつけています。それによって、船やいかだを支えているものや河底にあるレールなどを隠し、テーマ・ショーを維持しているのです。しかも、**河の中にはメンテナンス担当の潜水作業員が毎日潜り、レールなどの保守点検と整備を行なっています。**

河には色をつけているだけではなく、ぼうふらなどの虫がわかないように消毒液が混ぜられています。さらには浄化装置で水を循環させ、臭いなどが出ないようになっています。

食中毒を絶対に出さない衛生管理

ディズニーランドのレストランで出しているメニューは、ひとつの商品でも毎日何千という単位の数が売れていきます。ですから、万が一食中毒などを引き起こしてしまえば、多くのゲストを苦しめるだけでなく、パークの中のレストランが営業できず、食事を提供できなくなってしまいます。

そんな事態になってしまったら、パークの外に食べに行ってもらうようにしても、近辺の飲食施設で完全に賄《まかな》うことはできません。当然、ゲストにも大変な迷惑をかけてしまいます。

だからといって、ゲストにお弁当を持ってきて食べてもらうことは、前述のとおり、テーマ・ショーの維持の観点からも、そして食中毒を出さない観点からも行なえません。

ディズニーランドがお弁当の持ち込みを禁止しているのは、遠くから時間をかけて来られているゲストが多く、またパークにいる平均的な滞在時間が6〜

8時間だからです。

お弁当は、つくってから4時間以内くらいで食べなければいけないといわれていますが、夏場などは2時間弱ほどで食中毒菌が増殖します。したがって、お弁当を持ち込んでもらうわけにはいかないのです。

東京ディズニーランドの食堂部では、オープン当初から、料理長が毎日全種類の食材を容器一つひとつに取り、3日間保存していました。

食材の保存は、O－157の発生後、当時の厚生省が対応措置として出したものですが、**ディズニーランドではそれ以前から、安全衛生第一の観点から行なっていた**わけです。これまで8億食以上の料理が提供されていますが、食中毒事件は1件も発生していません。

バックステージに50床のベッド

ゲストの中には、スケジュール的に強行軍で来園したり、多くのアトラクションに乗りたいがために無理をされる方もいます。体調が悪いにもかかわらず来園するゲストもいるので、パークの中でゲストが体調を崩したり、ケガをする危険性も考えておかなければなりません。

そのため、事故がいつ起こっても対応できるように、パークには50床ほどのベッドを用意し、医師や看護師も待機しています。

また、日本だけでなく、世界各地からゲストが来るので、場合によっては伝染病などにかかることも考えられます。万が一、そのようなことにでもなれば、大規模災害になる可能性もあります。

そこで、ディズニーランドは、私が診療所のスーパーバイザーをしていたときに、地元の千葉県浦安市の医師会にも加入しました。医師会加入には決して安くはない会費が必要となりますが、それでもこうした対応をとっているのは、安全性を重視しているからです。

8 「礼儀正しさ」が感動のベースとなる

ディズニー式の「礼儀正しさ」とは

「C」（＝Courtesy）、すなわちコーテシーは、単に「やさしいだけの礼儀正しさ」ではありません。

やさしいことは人間として大切なことですが、それだけでは良い仕事はできません。良い仕事をやり通すだけの気概を持っていなければ、面倒くさいことはやらないようになりますし、決められたことしかしなければ、感動を呼ぶ仕事にはなりません。

やさしい良い人であっても、ボーっとしていたら困っているゲストを見過ごしてしまいます。ゲストをイライラさせるだけで、ホスピタリティサービスの仕事を果たしていることにはなりません。たとえ施設のハードやショーなどが良くても、パークとしてゲストにハピネスを感じてもらうことはできないのです。

コーテシーというのは、あくまでも「人として守らなければならない礼儀正しさや丁寧さの基本」です。

この本質を守るためには、その場の状況に合わせて、混んでいればスピードを上げなければなりませんし、正確さやセンスも要求されます。

つまり、ゲストの動きを良い緊張感を持ちながらケア（注意）し、お世辞やお仕着せではない正しいオペレーションを、ゲストの気持ちの先を見越してできなければならないのです。

学生バイトが8割でも感動させられる

東京ディズニーランドでは、オープン当初、現場第一線のスタッフの8割くらいが学生アルバイトで、このメンバーに「ホスピタリティあるサービスの実行」を要求しなければなりませんでした。

当時の日本では「経験年数や職位、また知識や技術などが高ければ、礼儀正しいオペレーションやサービスができる」という考え方をする風土があったためめ、パートやアルバイトにはまったく期待しない傾向がありました。

東京ディズニーランドでゲストへのサービスをしている中心キャストは、一般的には「素人」といわれるパートやアルバイトのメンバーでした。しかし、ゲストが覚えた「感動」は、紛れもなく準備や経験が少ないと思われていたパートやアルバイトのキャストの快活でキビキビとしたオペレーションに対して感じていただいたものでした。

問題は常にイレギュラーに発生するもので、決められたことだけを決められたとおりに淡々とやっていれば解決できるというものではありません。「マニュアルには書いていないからできません」などとホスピタリティに欠ける対応をしていては、お客様が感動するはずもありません。

ディズニーランドは、学生アルバイトでも、短期間でゲストが感動するほどのサービスができるようにするために、ディズニー式の教え方を徹底し、現場最前線の一人ひとりにオペレーション方法を浸透させるためのシステムを完備しました。

「ここは遊園地じゃない。やる気があって、エネルギッシュで、親しみがあり、向上心のある従業員さえいればいいんだ」

ウォルト・ディズニーは、どんなにこだわったハードのすぐれた施設をつくっても、ホスピタリティあふれるサービスをするキャストがいなければ、ディズニーランドの成功はあり得ないと考えていました。そのため、しっかりとコーテシーを磨くためのさまざまなシステムをつくりました。これがウォルト・ディズニーの「コーテシー哲学」なのです。

明るい顔と暗い顔、どちらが正しい？

ウォルト・ディズニーは考えていました。

ディズニーランドがゲストにとって感動を呼ぶパークであるためには、「テーマ・ショーを具現化する良いストーリー」と「舞台となるこだわりのある施設」だけではなく、「ゲストと良いコミュニケーションがとれるキャストの存在」が欠かせないと。したがって、良いキャストの養成に注力したのです。

東京ディズニーランドのキャストのほとんどが学生アルバイト（準社員）

だったので、即戦力の「サービスのプロ」として働いてもらうための教育をしなければなりませんでした。

教育は、人事部の研修に始まり、ディビジョン（部門）研修、ロケーション（各店舗や職場）研修と続きます。

人事部研修では、ウォルト・ディズニー自身と、彼がディズニーランドをつくった歴史、またフィロソフィー（哲学）とポリシーなど、コアとなる部分を教えます。そして、ディビジョン研修では部門の紹介と職責、ロケーション研修では具体的なオペレーションやサービス内容のトレーニング、というのが大枠の流れです。ディズニーの考え方や手法を示した小冊子などを利用しながら研修が行なわれます。

なかでも、重要なポイントは、どんな障害にぶつかっても夢を持ち続けていたウォルト・ディズニーの生き方を教えること。

そして、ゲストやキャストに対する行動の善悪や良否の判断を、プロジェクターなどを使って簡単に理解できるようになっている「グッドショー・バッドショー」のクラスがあることです。

入社時の研修では「必ず行なわなければならない良いこと」と「絶対に行なってはならない悪いこと」を教え、判断基準を明確にしておきます。

たとえば、明るい笑顔でゲストを迎えているキャストの写真と、笑顔がなく無愛想な表情でゲストを迎えているキャストの写真の両方を見せて、どちらが正しいかを質問していくのです。

一般の企業では、「ここまで細かく言わなくてもわかるだろう」と考えているようですが、現在は常識的なことでも判断できない人や、何とも感じない人が増えています。ディズニーランドでは、徹底的にわかりやすくコーテシーを教育しているのです。

さらに、それらの内容を体現するトレーナーと、その後、コーチングしながらフォローし続ける「リード制度」（219ページ参照）の存在も重要です。多くのキャストは、研修で動機づけされますが、このフォローをするのがトレーナーやコーチ役キャストの熱意と模範的な行動です。

これらの一連の研修を通じ、ゲストの感動を呼ぶサービスができるレベルまで若い準社員を短期間で鍛え上げているのです。

「グッドショー・バッドショー」とは

「必ず行なわなければならない良いこと」「絶対に行なってはならない悪いこと」を教え、判断基準を明確にする研修

笑顔がなく無愛想な表情で
ゲストを迎えているキャスト

どちらが正しい？

明るい笑顔でゲストを
迎えているキャスト

コスチュームの胸元のボタンが
だらしなく外れているキャスト

どちらが正しい？

身だしなみをしっかり整えて
ゲストを迎えているキャスト

Point

プロジェクターなどを使って
徹底的にわかりやすく伝える

9 すべての仕事が「ショー」

掃除という〝ショー〟をゲストに見せる

ディズニーランドは、ゲストとキャストとのコミュニケーションを通して夢と希望に満ちたエンターテインメントを実現する施設です。そのためには、エンターテインメントを完璧に演出するための〝ストーリー〟を構成し、それをオペレーションの中で具現化しなければ、ゲストに感動してもらえるものにはなりません。

ディズニーランドは一般の遊園地と違って、ウォルト・ディズニーがつくったアニメーション映画のストーリーをもとにしたものをゲストに見せる〝舞台〟です。だから、そこを「オンステージ」（舞台）と呼び、そこで働く従業員を「キャスト」（Cast：舞台俳優）といいます。

そして、キャストが着ているものだから、ユニフォーム（Uniform）ではなく、コスチューム（Costume：舞台衣装）と呼びます。すべてに〝ストーリー〟があり、それを具体的な形に落とし込んでいるのです。

オープン前はあまり人気がなかった掃除セクションの「カストーディアル」は、そのパフォーマンスがゲストに注目され、オープン後に応募者が急増しました。そのマニュアルには、次のようなことが書かれています。

「皆さんが行なうのは、掃除ではなく、掃除という〝ショー〟です」

つまり、カストーディアルが担当しているのはパークの「付帯業務」ではなく、一人ひとりのキャストが行なう掃除も〝ショー〟であること教え、自覚させているのです。

すべての仕事がショーなのですから、コスチュームもキレイで清潔なものを正しく身につけなければなりません。両手に持っている「ほうき」と「ちりとり」を「トイブルーム」と「ダストパン」と言いますが、その持ち方も決められています。それらをパーク上に置くときも、地面にじかに倒して置くのではなく、お互いにもたれかからせて立てるようにします。

また、安全上と、無様《ぶざま》な格好は似合わないという理由で、「しゃがむ」姿勢はとらないようにさせています。たとえ、アイスクリームなどが地面に落ちてベトベトになっているような場所でも、腰をかがめて拭いたりはしません。

まずアイスクリームの大部分をトイブルームとダストパンで取り、残ったベトベトした箇所は上から霧吹きをし、固めのティッシュをその上から何枚か落とします。そして、タバコの吸い殻を足でもみ消す要領で踏んでから、そのまま速やかに取り除き、それを何回か繰り返し行ないます。こうした清掃の手順をとるようになっているのです。

キャストのオペレーションだけでなく、ハードのつくりもまたショーのクオリティーをコントロールするものです。したがって、施設を完璧な状態にするために、テーマに合わせて建物を古く見せる「エイジング」の手法や、高く見せたり、大きく見せたりする遠近法の手法を取り入れています。

たとえば、「シンデレラ城」の内壁一杯に、5枚組のシンデレラのストーリーが、細かいカラフルなイタリアンガラスを使って描写されていますが、その数は10万枚以上です。さらに、壁の脇の円柱には、シンデレラに登場する人

掃除も“ショー”の一部

ディズニーランド＝オンステージ

従業員→キャスト

ユニフォーム→コスチューム

掃除 → **ショー**

- 清潔なコスチュームを身につける
- ほうきとちりとりの持ち方は決まっている
- ほうきとちりとりを置くときは立てる
- 腰をかがめてしゃがまない

Point

掃除もショーの一部なので「演出」が必要

物が丁寧に描かれていますが、これはアメリカのディズニーランドの専門スタッフ3名が約1年半をかけてつくり上げたものです。

キャラクターは絶対に声を出さない

ディズニーランドでは、ディズニーの映画に出てくる「キャスト」たちが、エンターテイナーとして着ぐるみの「キャラクター」になって出てきます。彼らは**どんな状況でも、テーマ・ショーを守るために、いっさい声を出すことができません。**脱水症状になりそうな真夏の暑い日でも、汗をかきながら頑張るのです。

ある日、小学生の集団がキャラクターにうしろからキックを入れたり、しっぽを踏んづけて、「どうだー、何か言え！」などとふざけていたのを見かけました。しかし、そんなときでもキャラクターは、いっさい声を出しません。ここで声を出してしまったら、ショーのイメージが崩れ、夢の国にならないからです。

またある日、20歳前後の若いグループの女性ゲストにキャラクターが抱きついたとき、グループの男性ゲストが、「中にいるのは男だぜ」などと言っていましたが、キャラクターのキャストは、サイズが大きいもの以外、女性が多いのです。

動きづらいキャラクターだと、万が一倒れてしまえば起き上がれないものもあります。そうなれば着ぐるみを脱がなければならなくなり、ショーが台なしになりますし、キャストの安全も守れません。そのため、**動きづらいキャストの周囲には、必ず何人かのケアするキャストがつき添っています。**

雰囲気を壊さないレディーコール

東京ディズニーランドでは、1日に1万食を超える料理やメニューを提供する施設が多いので、スピーディーかつ効率的に提供するシステムを構築しなければなりません。

しかし、テーマ・ショーという、守らなければならないものがあるので、どんな形でも良いというわけにはいきません。

そのため、一般のファミリーレストランで使用されていたようなレディーコール（料理ができあがると、その番号を音で知らせるもの）など、テーマ・ショーの雰囲気を壊すようなものは使用できません。

2003年半ば頃から一般でも使われるようになっていますが、ディズニーシーでは、携帯電話のバイブレーション方式を使用したレディーコールを使い、ゲストに違和感を覚えさせないようにしているのです。

本物のねずみを「ミッキーだ！」と叫ぶゲスト

ディズニーランドは、「パークは一生完成しない」というウォルト・ディズニーの言葉を今でも遵守《じゅんしゅ》しています。それは、オンステージではゲストがテーマ・ショーを存分に楽しみ、バックステージでもキャストが仕事に打ち込めるように、施設全体を毎日チェックする専門部門「SQC」（Show Quality Center）を持っていることからもよく理解できます（現在はSQS）。

お客様も従業員もその施設や雰囲気に違和感なく溶け込める環境をつくることは、どんなビジネスでも大切なことです。その環境ができ上がったとき、お客様自らがその雰囲気を盛り上げ、最高のショーの雰囲気をつくってくれるからです。

ディズニーランドは、ゲストとキャストが違和感なく融合し、「感動する場を共有する」テーマ・ショーの環境を協同してつくっていることが、感動を呼んでいるのです。

アドベンチャーランドにある「ジャングルクルーズ」は、ジャングルの奥地をボートで探検するように細い水路を進み、途中で猛獣などに出くわすアトラクションです。

オープンから間もない頃、ボートがある地点に差しかかったところ、丸々と太った本物の「ねずみ」が、オーディオアニマトロニクス（機械じかけでロボットなどが動くシステム）で動くロボットのように、チョロチョロとゲストの視界に入る場所に出てきたことがあります。そのとき、ボートに乗り合わせていたゲストが叫んだ言葉は、「あっ、ミッキーマウスだ！」。

ディズニーランドの環境に溶け込んだゲストは、ショーを楽しむセンスを持ちながら、テーマ・ショーを共有するようになってしまうのです。

10 「効率」を優先しないのが成功の秘訣

「ゲスト優先」でリピーター率90％超

ディズニーランドはオープン当初、「2〜3年経てばなくなる」と揶揄《やゆ》されていました。

ところが、**現在リピーター率が90％後半に達しています。**しかし、これは結果です。決して最初から、単にリピーターを増やし、生産性を高めることだけを狙っていたわけではありません。

ウォルト・ディズニーが考えていた〝ゲストが感動する要因〟は、「人のコミュニケーション」から得られるものと、「完璧につくり上げられた環境」の2つです。この2つを実現するためのグランドデザインの部分が、これまで述べてきたものです。

しかし、こうしたコアとなるような全員で目指すグランドデザインがなく、

「効率」（Efficiency）だけでビジネスを考えてしまえば、コンセプト不在のバランスのとれないものになり、「効率を求めながらも結果的に効率を下げる」結果にならざるを得ません。

本来の効率は、茶道の大成者、千利休の「利休七カ条」の最後にある「相客に心をつけよ」という環境ができることだと思います。つまり、全然知らないお客様同士が、お互いに気遣い合えることです。しかし、このような環境づくりは、すべてをお客様任せにしては実現できません。会社や店舗もそれ相応のリスクをとる覚悟が必要になります。

「急がば回れ」のことわざどおり、お客様最優先のオペレーションや環境づくりを続けると、ある時点からお客様が逆に「会社や店舗優先」のスタンスになるのです。

しかし、そこまでこだわりを持ち、お客様がリピーターになるような感動する環境をつくるには、効率の悪さを耐え忍びながら、目的や目標に突き進むだけの気概がなければなりません。

「売上減」覚悟の入場制限

東京ディズニーランドは、その時点でのパーク内の滞在ゲスト数を表す「インパーク」という数字を、コンピューターで常に管理しています。

また、各アトラクションの「THRC（Theoretical Hourly Ride Capacity：1時間でゲストが良い状態で乗れる数）」や、ショップ・飲食店部門の「THSC（Theoretical Hourly Service Capacity：1時間でゲストに良い状態で対応できる数）」の標準も算出しています。その数字を超えるとゲストに良いサービスが提供できなくなると考えているのです。

滞在ゲストの数は、ゲートの「ターンスタイル」という3本のレバーが付いている器械を回してゲストが入退場するときにカウントされます。そして、パーク内のゲスト数が6万人くらいになると、自動的に入場制限がされるようになっているのです。

東京ディズニーランドはこのシステムのため、ディズニーシーができるまでの期間、毎年60~70万人のゲストがパークに入れず、売上もその分上げられま

「効率はあと回し」がリピーターを生む

× **効率優先**

効率や生産性でビジネスを行なう → お客様は楽しめない → リピートしない

○ **お客様優先**

ゲスト優先のオペレーションや環境づくり → ゲストがファンになる → リピート率90%超

Point

効率の追求にはバランス感覚が大切

せんでした。

しかし、これもまた、売上や効率を上げるより、ゲストに楽しんでもらい、キャストが良いオペレーションができることを重視した結果です。ここにもディズニーのホスピタリティ精神が表れているといえるでしょう。

第2章

ディズニーランドのホスピタリティはここが違う!

1 ディズニーにはホスピタリティがあふれている

1人のゲストのためにアトラクションを止める

「私の弟はディズニーランドが好きですが、まだ一度も行ったことがありません。必ず行きたいと言っていますが、重度の筋ジストロフィー症で、車いすを使っても外に出ることが困難です。最近、お医者様から弟の命はあまり長くないと言われ、早くディズニーランドに連れて行きたいと思っています」

開園から2年ほど経った頃、弟思いのお姉さんからこのような手紙が寄せられたことがありました。

ディズニーランドでは、早速、弟さんに気づかれることなく、お姉さんと2人で楽しんでもらうにはどうすればよいかを検討しました。

結局、セキュリティー（警備部門）などのスタッフが2人を遠巻きにガードしながら、安全に遊んでもらえるようにフォローするなどの対応策を決め、お姉さんに伝えました。２人の来園日が決まったのは、それから何日か後のことです。

当日、ディズニーランドのスタッフは、弟さんに気づかれないように、しかも十分に楽しんでもらうために、細やかな気配りをしました。

こんな、さりげないことも行なわれたのです。

「ホーンテッドマンション」（お化け屋敷）というアトラクションでは、いつもは、ゲストがショーライドに乗り込むとき、一時その場所でスピードが少々遅くなるだけで完全に止まらないようにしています。

しかし、弟さんが乗るときはショーライドを止めただけでなく、**「急に止まって驚いただろう」などという、いつもとは違うスピール（アトラクションで流される説明や人形の声）が流れるようにしました。**その間に遠巻きにしていたスタッフたちが、さりげなく弟さんをショーライドに乗せたのです。

いろいろなアトラクションを体験し、パークのすべてを回って帰ったお姉さんから、すぐにお礼の手紙が来たのを知ったとき、本当にゲストに喜んでもらえる場所で働けることをうれしく思いました。

2〜3カ月後、またお姉さんから手紙が届きました。

「あのときは大変お世話になりました。弟はあの後どうしても、もう一度ディズニーランドに行きたいと言っていましたが、残念ながら先日亡くなりました。でも、あのような形でディズニーランドに行けたことは、弟にとっても、私にとっても大変幸せですばらしい思い出になっています」

2人が楽しそうにはしゃいでいた光景が目に浮かび、涙したのは私だけではありません。

しかし同時に、こんなにすばらしい兄弟愛を持った若い2人に、パークでの一日を喜んでもらえたことを、一人の教育担当として、このときほど誇りに思ったこともありません。

以上のことは、開園して2年目くらいの出来事です。その後、ゲストに対するサービスの向上を目指し、コーテシー（礼儀正しさ）をテーマにした研修を実施したときに、このときの出来事をビデオ化して使用しました。わずか7〜8分のビデオでしたが、キャストから大変な注目を集めたことを、今でもハッキリと覚えています。

食堂部の準社員に対する導入教育にも何回か利用したのですが、ほとんどのトレーニー（受講者）が、このビデオを見てすすり泣いてしまうのです。ビデオの上映が終わった研修会場に、何ともいえない温かみのある雰囲気が醸し出されていたことを思い出します。

ディズニーランドには、このようなホスピタリティが自然に生まれる環境があり、一緒に汗を流してくれる若い準社員もたくさん育っているのです。ディズニーランドで教育を担当した経験が、その後の私の財産になったのはいうまでもありません。

ホスピタリティの本当の意味を知らない日本人

ディズニーランドでは「サービス」という言葉の代わりに「スタンダード・オペレーション（遵守する最高レベルの仕事標準）」という言葉を使っています。そして、**「ホスピタリティ」は、「コーテシー（礼儀正しさ）」という言葉に置き換えられています。**

ディズニーランドでは、具体的にどうすればホスピタリティを発揮できるかという基本的なことが、きちんと決められています。

それによって、多くの若い準社員を、短期間のうちにゲストから評価されるオペレーションができるようなキャストに育て上げているのです。

日本の「サービス」に対する捉《とら》え方には、「阿吽《あうん》の呼吸」や「塩梅《あんばい》」という言葉に代表されるように、抽象的なままにしている傾向が今でも残っています。

「サービスしてあげて」と言っても、「オペレーションをすること」なのか、「値段を安くすること」なのかがはっきりしません。

オペレーションをするにしても、「あとを頼むよ」と言うくらいで具体的には指示をしません。安くするにしても、どこまで安くするのかなどを明確にしないため、パート・アルバイトだけではなく、社員ですら対応することがむずかしくなっている企業が少なくありません。

「何もわからない」「何も考えられない」ような、準備度や経験度が浅い新人のときは、まず具体的な形で教え込むことが必要です。そして、徐々に年齢と職位が上がっていくのに合わせて、自分の考えで判断できるようにしていくスタンスが要求されます。

この前者の段階が「コーテシー」を基本にしたもので、組織の中で生きていくための躾《しつけ》教育であり、これが自然なホスピタリティ意識の向上にとって重要なのです。

一般的なホスピタリティの日本語訳は「おもてなし」で、「持て成し」を丁寧に言ったものですが、「おもてなし」や「持て成し」の本当の意味を大人に聞いても、まともに答えられる人はほとんどいません。

それを若いパートやアルバイトの人たちに要求しても、何をしてよいかわかりませんし、具体的なサービスになるはずがありません。

したがって、オペレーションにつかせる前に、まず「躾」としての形をインプリンティング（刷り込み）させるコーテシー教育が重要となるのです。

ホスピタリティに年齢や経験は関係ない

「サービス産業」のことを、欧米では「ホスピタリティ・ビジネス」「ホスピタリティ・インダストリー」などと呼んでいます。

ホスピタリティの日本語訳には、「おもてなし」のほかに「歓待」や「厚遇」「受容力」「理解力」などの意味があります。つまり、**最終的に相手を理解しながら、心からの表現を「動きの中で」表すこと**といえます。

「ホスピタリティ」と言ってしまうと、欧米が本家のような印象になりますが、アジアや日本でも昔から同じようなことがいわれてきました。

千利休は、

- 花は野の花のように
- 炭は湯の沸くように
- 夏は涼しく
- 冬は温かく
- 刻限ははやめに
- 降らずとも雨用意
- 相客に心をつけよ

という「利休七カ条」を残し、「持て成し」に対するスタンスを規定しまし

た。私は、これが日本の「ホスピタリティ」のひとつの形のように感じていま
す。

派手さや計算高さ、慇懃無礼《いんぎんぶれい》な印象や奇をてらったようなイメージなどを
いっさい与えません。どちらかというと「自分の我欲を表に出さず、さりげな
く行なうスタンスをとること」が、日本の「ホスピタリティ」の本質のようで
す。

日本旅館を例に考えてみましょう。

旅館には、お客様を入口でお迎えする担当者が決まっていて、荷物などを預かり、スムーズに部屋まで案内する。そしてお客様が最初に部屋に入ったときのお茶とお菓子を用意し、うしろ姿から浴衣《ゆかた》のサイズをさりげなく確認してお客様に合ったものを用意しておきます。

ホテルでは、部屋に置いてある注意書きなどをいちいちお客様が読まなければなりませんが、旅館ではお客様の手を煩わせないために、お客様のいろいろな注文を、すべて帳場一カ所で対応できるようにしています。

お客様が複数の場合は、一人ひとりのタオルをわかりやすくするために、カ

ラフルなレインボーカラーのものを用意するなど、さりげない細やかな配慮がなされます。

ホスピタリティとは、「利休七カ条」の7番目「相客に心をつけよ」のとおり、知らない人たちであっても、というより、知らない人だからこそ同じ場所にいる方々に対しての気遣いが必要で、どこの国の人でも、また年齢や性別、あるいは職位や家柄などに関係なく対応することです。

本来、年齢や職位、また経験年数などはまったく関係ないのです。その対応はサービスを提供する「人の質」に比例し、最終的には「企業の質」に比例します。

企業が「ホスピタリティ」に取り組むのは、お客様の満足と感動を獲得することで顧客化し、業績や成績につなげるためです。その達成度は最終的には、従業員一人ひとりのレベルにかかっています。

ホスピタリティは「相手を理解しながらその状況を受け入れ、心からの対応を行動によって表すこと。つまり、心の眼で見て、心の耳で聴き、無言でお客

様が求めていることに気づき、それに対してさりげなく心から対応できるようになること」です。

したがって、スタッフがおごりたかぶらず、良い意味での緊張感と問題意識を持っていることが必要で、企業などで決められたマニュアルなどを単に守るだけでは、到底ホスピタリティにはつながりません。

「自分の責任で周囲の人々に満足してもらう」という気概が必要であり、その場に合った心からの対応を図らなければなりません。

ディズニーランドの若いキャストには、彼らが知らないうちに、このようなことが求められたのです。

日本の企業はどうでしょうか。ほとんどの企業で、「若い従業員にそこまでやらせるのは無理だ」で終わっていたでしょう。だから、東京ディズニーランドのような企業は誕生してこなかったのだと思います。

ホスピタリティは「心の前傾姿勢」

ホスピタリティとは、**「自分の良心からの表現であり、その場で求められて**

いる最高で本質的な温かさをつくり出す〝動き〟であり、それをさりげなく表現すること」と私は説明しています。

この考えのもとになったのは、ディズニーランドで一緒に働いた若いキャストたちの姿と仕事ぶりです。「まだ社会のことをあまり知らない若者が、どうしてここまでできるのだろう」と感じたことが土台になっています。

本質的なホスピタリティは、自分の技術やサービスレベルなどをアピールするのではなく、「良心」を形でさりげなく表現したものです。

したがって、仕事のときやお客様の前でだけするものではなく、街を歩いていても、電車に乗っていても、家庭の中でも求められるものです。

場合によっては、相手を大切に思うからこそ、厳しい対処が求められることもあります。相手にとっては、その時点では理解できなくても、あとから考えると、その意味がわかり、感動が込み上げてくるようなケースです。つまり、本当の愛情がある場合や、その瞬間に危険が迫り、いちいち説明する時間がない場合などは、具体的な厳しい「動き」になって表れることもあります。これもまた、ホスピタリティのひとつの形といえます。

しかし、一般的なホスピタリティは「それとなく」するところが、相手に安心感を与え、「心のエネルギー」がわいてくるのです。

ホスピタリティにはエネルギーが必要ですが、本質的なものか、そうでないかが問題になります。

自分のサービス方法やレベルを見せびらかすような場合には、「やってあげている」というエネルギーが出ますが、この場合、相手から評価をされなければ、「せっかくやってあげているのに……」と不満を感じることになってしまいます。これは本当のホスピタリティとはまったく異質なものです。

自分のためにやるサービスは、最終的にその本人を目立たせるだけで、当然ホスピタリティにはなりません。本当のホスピタリティには、競争心のようなものは存在しません。

ホスピタリティを簡単な言葉で言い換えると、「心の前傾姿勢」になります。

一般に、サービスを行なっている人は、お客様に対するとき、格好をつけたり気取ったりしてしまうと、「お伺いいたします」という姿勢になれず、お客様に良い印象を与えることができません。

良いサービスを行なう人は、そのようなときにやさしい真剣な表情になると同時に、体が自然に「前傾」になっています。

ホスピタリティ精神を本質的に持っている人には、もともと「心の前傾姿勢」があります。お客様を見てから行動を起こすのではなく、いつでも良い対応ができるようなスタンスをとっているので、心からの能動的な雰囲気が常に醸し出されているのです。

髪の毛をわしづかみにされても「笑顔」

東京ディズニーランドの従業員の多くを占める若いキャストがオープンに向けて頑張ってくれたことが、最終的に立ち上げを成功させたといえますが、その中の1人の女性キャストのことが今でも強く記憶に残っています。

そのキャストはオープン当時22歳くらいで、いつも明るい笑顔で一生懸命仕事をしていました。どんなことでも受け入れてやろうとするため、周囲からは軽く見られるようなところがありました。

ホスピタリティの定義

× 偽のホスピタリティ

技術やサービスのレベルをアピール → 「やってあげている」というエネルギー → お客様の感動は得られない

○ 本当のホスピタリティ

心の前傾姿勢 → 「良心」をさりげなく表現 → お客様の感動につながる

Point

ホスピタリティは仕事やお客様の前だけでなく、普段の生活から発揮されるもの

しかし、人に対する思いやりや素直さ、そして芯《しん》の強さを持っていたので、しだいに上司や多くのキャストからかわいがられるようになりました。

オープンから数カ月後、パークのオペレーションがある程度落ち着いた頃の話です。用事があって事務所に来た彼女といろいろと話をする機会がありました。そのとき初めて、彼女は苦しかった体験を、目に涙を浮かべつつも明るく話してくれました。

4月15日のグランドオープンの2カ月半くらい前から、オープンのためのトレーニングがスタートしました。3月半ばくらいからは「プレビューデー」というスタイルで、スポンサーや建設に携わったゼネコンといった関連企業や官庁の方々などを、毎日徐々に人数を増やすように招きながら、実践的なトレーニングを行ないました。

そして最終の2日間は地元の浦安市民に対する「感謝デー」というスタイルで無料招待をしました。この期間を含めたオープン後、半年くらいは、ゲストが大挙して押し寄せたため、オペレーションがスムーズにいかず、ゲストが怒り出すことがたびたびあったのです。

彼女はレストランのレジ担当でした。怒ったゲストが彼女の髪の毛をわしづかみにして振り回したことがあったのですが、目には涙をためながらも悪びれることなく、笑顔で素直に謝罪しながら一生懸命レジを打ち続けたのです。

私自身もオープン当初、現場店舗に人手が足りなかったため、応援でファストフードのドリンクポアラー（ファストフードで紙コップに氷とシロップを入れてソフトドリンクの準備をする担当）というポジションについたことがあります。朝10時から夜の8時くらいまで、食事もとらずにつくり続け、終わったときにはワイシャツの袖口はメロンやレモン、イチゴ、コーラなどのシミでカラフルになり、ズボンや革靴はジュースや氷などでびしょびしょになっていました。

私もそうだったように、彼女が、その場から逃げることができず、仕事をやり続けるしかなかったであろうことが痛いほどわかりました。

彼女が、そのときの様子を一生懸命に話してくれたときのことはいまだに忘れられません。このときほど、「教育担当として申し訳ない」と思うと同時に、ディズニーランドが好きで、責任感を持って働いてくれている多くの若いキャストたちが愛《いと》おしいと思ったことはありませんでした。

社会に出たての新卒社員でも、彼女のように教育をされる前からホスピタリティあふれるサービスが自然にできる人もいます。両親の躾が良かったとか、まわりの友人が良かったなど、いろいろな理由が考えられます。

しかし、東京ディズニーランドのオープンを支えてくれたキャストは、厳しい状況の中で、何もわからないにもかかわらず、「夢と魔法の王国の建国」のために歯をくいしばりながら、誇りを持って頑張ってくれたのです。

ホスピタリティを自然に持っている人は、相手に会った瞬間に「心の前傾姿勢」を感じさせます。「リスクを負ってでも、この人のために何かしてあげよう」という気持ちを体全体で表しているため、人間的な温かさがほとばしるように感じられるものです。

東京ディズニーランドのオープン当初、そのようにホスピタリティをインプリンティング（刷り込み）されて育ってきた若いキャストが多かったことは、大変ありがたいことでした。

2 「コーテシー」がホスピタリティを生む

キャストは「さん」づけで呼び合う

「ホスピタリティあるサービスをしなさい」といわれても、何をどのようにしたらよいのかを理解するのは困難です。にもかかわらず、一般の若いパートやアルバイトスタッフがそのようなことを求められているのです。

東京ディズニーランドがオープンしてから、準社員（パート、アルバイトのスタッフ）は「模範的なサービスをするスタッフ」の代名詞のようになりましたが、そのような環境をつくり出しているものが、**ディズニーランドを運営する基本理念SCSEの2つ目、「コーテシー（Courtesy）」**なのです。

ディズニーランドのコーテシーは「礼儀正しさ」と表現されています。あまり聞き慣れない言葉ですが、「ホスピタリティ」と違って、意味がわかりやすく、取り組みやすいという特徴があります。

日本では、若者が大きな犯罪や問題を起こし、毎日のように新聞やテレビなどでニュースになっていますが、決してそんな悪い状況ばかりではありません。

海外に行くと、電車の中で足を組んでいる人の前を通っても「ピクリ」ともしませんが、日本では若い子でもほとんどが、足が邪魔にならないようにひっこめたりするなど、まだまだ周囲に気を遣えるところもあります。

このようなことだけですべてを推し量ることはできませんが、親や大人たちが若い人に手本を示すなどして、正しい環境をつくれば、ディズニーランドのキャストのようになる可能性はあるのです。

サービスでいちばん重要なのは、知識や技術などより「品位」です。

「序列意識」に縛られているような環境では、心から相手を気遣えるようにはなりません。

上司や先輩が、部下や後輩から自然に敬意を持たれるようになり、スタッフに余計な気を遣わせなければ、本気でゲストに良いサービスをする環境ができ、スタッフは自然とホスピタリティある行動をとれるようになるのです。

東京ディズニーランドでは、名前を「さん」づけで呼んだり、ネームタグ（名札）に役職などを入れずにローマ字書きの名前だけにするなどして、職位などに関係なくコミュニケーションができるようにしています。具体的なコーテシーの体験ができる環境をつくっているのです。

余談になりますが、〝フォックス〟という、ネームタグをつけていないポジションがあります。修学旅行生などが万引きなどをした場合に対応する、警官などの経験を持つキャストで、諭すように対応するエキスパートです。

「いらっしゃいませ！」はNG

コーテシーでいちばん最初に守らなければならないのが「挨拶《あいさつ》」です。

お客様をお迎えするときには、「いらっしゃいませ！」と挨拶するのが普通ですが、ゲストとのコミュニケーションを大切にするディズニーランドでは、それだけではダメなのです。

ほとんどのゲストが、いちばん最初に会うキャストは、チケットブースのチケットセラーか、駐車場のパーキングロット（駐車場のコントロール係）のキャストになります。彼らのマニュアルには、こう書いてあります。

「ゲストには『いらっしゃいませ』と言わないでください」

「いらっしゃいませ！」では、ゲストが返事をしにくいため、ゲストとの間のコミュニケーションを断ち切ってしまうと考えるからです。

東京ディズニーランドでは、当初、朝11時くらいまでは「おはようございます。いらっしゃいませ」、お昼から夕方5時くらいまでは「こんにちは。いらっしゃいませ」、そのあとは「こんばんは。いらっしゃいませ」と言うように決められていました。

その後、ゲストからいちばん返事が返ってくるのが「こんにちは」だったので、現在では「こんにちは」だけで通してもよいことになっています。

挨拶をするときの大切なルールとして、「ゲストのお顔を見て笑顔で」というただし書きがついています。これは必ず守らなければならないルールです。

挨拶は礼儀を身につけるための第一歩です。

「いらっしゃいませ」と口では言っていても、横や下を向きながら別のことをやっていたのでは、お客様に「心から歓迎しています」という印象を与えることはできません。

しかし、「いらっしゃいませ」と言っていれば、とりあえず「よし」とされているお店などは少なくありません。企業や組織全体として躾教育に取り組む姿勢を貫いている企業は、残念ながら少ないのが現状でしょう。

東京ディズニーランドは、過去の日本の因習を破り、新しい試みをしたことによって、経験の少ない若いスタッフであってもコーテシーを守りながら活躍できることを、日本のエンターテインメントサービスの世界で証明してみせました。

汚れていなくても毎日洗濯

コーテシーにとって、もうひとつ重要なことは「清潔な身だしなみ」です。

どんなにサービスやオペレーションが上手に行なえても、着ているものが汚れていたり、着こなしがだらしなければ、ゲストに感動を与えることはできません。いちばん怖いのは、クレンリネス（清潔で衛生的、かつピカピカに磨き上げられている状態）に対するキャストの意識が低下することです。

東京ディズニーランドでは、一度肌身につけたものは、たとえ汚れていないように見えても、仕事が終わったあと、毎日コスチューム・イシュー・カウンター（コスチュームや特別なクツ、またロッカーなどを借りるところ）に返却し、必ず洗濯をするようになっています。

キャスト個人が「洗濯をする、しない」という判断を決してできないルールになっているのです。これは、汚れたコスチュームや臭いのするコスチュームを身につけていると、一日中憂うつになり、笑顔も出せなくなるからです。これでは、ゲストに積極的なオペレーションができません。そのためにも会社のスタンスとして完璧に守らせなければならないのです。

東京ディズニーランドの飲食施設の中には、カレーのメニューだけで1日に1万食以上の数を出す専門店があります。ここの厨房スタッフは、2〜3メートル離れているところを通っただけで、「ハングリーベア・レストランのスタッフが通った」とわかるくらいカレーの臭いがします。

洗濯の経費もかかりますが、キャストにコーテシーをしつけ、テーマ・

ショーのイメージを理解させることのほうが重要だと考えているのです。

キレイで衛生的な環境の原点はトイレの状態です。

ゲストに気持ちよくトイレを使ってもらうため、掃除を担当するキャストには完璧な作業のしかたを教えるのはもちろんですが、キレイで気持ちのよい状態が保たれることをキャストにも体験してもらうため、**従業員用のトイレにも掃除担当のキャストが入り、しっかりとしたクレンリネスが徹底されているの**です。

「礼儀正しさ」なら若者でも実践できる

東京ディズニーランドでホスピタリティのあるサービスを実践するには、「コーテシー」というわかりやすいスタンスが必要でした。

それはホスピタリティの精神が、サービス経験の長さや経歴、職位や学歴、家柄や年齢などで育まれるものではなく、その人自身が生きてきた過程や、生き方に対する考え方、つまり人生哲学やビジョンなどに根差したものから生まれてくるものだからです。

本当に人に尽くせる行動をとるには、「生きる」ということを深く考え、他人を認め、良いものに感動できる自然な心を持っていることが重要なのです。しかし、コーテシー、つまり「礼儀正しさ」から入れば、あまり人生経験のない若いキャストでもホスピタリティを実行しやすくなります。

新人研修の最初に、ウォルト・ディズニーがディズニーランドをつくるまでの道程を説明するクラスは、生き方や礼儀という躾をするための大切な時間です。人としての生き方の本質から考えなければ、見ず知らずのゲストに対して、思いやりのある行動などとれるわけがないと考えているからなのです。

本質的なホスピタブルなサービスは、「礼儀正しさ」を飛び越え、格好のよいところだけ真似《まね》してみたところで、続けられるものではありません。

自分がどんなに厳しい環境や状況下であっても、良い考え方に従い、人としての理念を一生懸命にクリアし続ける。その結果、人のためになることができるようになり、相手や周囲の人がその時々に何を望んでいるのかを自然と気遣い、その一つひとつに対応していく力が培われるのです。

コーテシーを身につけるためにしていること

1. 序列意識に縛られないコミュニケーション
2. キャストは「さん」づけで呼び合う
3. 挨拶は「こんにちは」
4. 挨拶はゲストの顔を見て笑顔で
5. 清潔な身だしなみの徹底
6. 一度肌身につけたものは汚れていなくても洗濯
7. 従業員向けのトイレもキャストが清掃
8. 礼儀や躾を徹底する

Point

礼儀正しさは、ホスピタリティサービスを実践する近道

ウォルト・ディズニーは、キャストがテーマ・ショーの環境を守りやすくするために、コスチュームを毎日洗濯に出させて、すがすがしい気持ちで、自信とプライドを持ちながら仕事ができるようにしました。

これは、ディズニーランドが儲け主義で合理性だけを追求するのではなく、ゲストの満足や感動を求めた結果なのです。

ビジネスの世界では当然、生産性を追求しますが、単なる生産性の追求というスタンスからは「感動」は生まれません。

「夢と魔法の王国」にとっては、ゲストを現実の世界から引き離すことが重要なポイントになります。ウォルト・ディズニーは、そのためにディズニーランドに「非日常」を求め、「必要な非合理は当然」としたのです。

この考えがディズニーランドのホスピタリティサービスを強固なものにし、90%以上のリピート率を達成するカギとなったことは注目に値します。

ツッパリふうの新人キャストが幹部社員に

オープンして3年目の定期採用者の研修時、人事で採用した社員の中に、高校を卒業したばかりの、髪の毛を少々染めている若者がいました。

彼が食堂部に配属されると聞き、心配なので事前に面接させてもらいました。しかし、「何とかなる」と思った私は受け入れを承諾し、食堂部の1週間の研修を実施しました。

初日、部付常務の挨拶中から彼の態度をひやひやしながら見ていましたが、トレーナーのメンバーに研修期間中に彼を変えることを目標にさせ、それからロケーション（現場店舗）に出すことにしたのです。

その年の食堂部の新卒メンバーは30名くらいで、8割くらいは女性でした。だから、彼の一見ツッパリふうの外見に、多くのメンバーが警戒の目を向けているのがよくわかりました。

研修4日目、朝いちばんで自己紹介の時間をとったときのことです。強面《こわもて》の彼が照れ笑いを見せながら「俺は高校時代テキ屋でアルバイトをしていました」という話をしました。そのシャイに挨拶をする様子を見て、全員の彼を見る目がガラッと変わりました。「意外といい人かも」という印象になったのです。

それまでの2日間はクラス全体もかたく、彼のいるグループは緊張で笑顔も出ない状況でしたが、最終日に一人ひとりに感想を聞いたところ、ほとんどのメンバーが涙を流しながら、「このままもう少し研修を続けていたいです」と言うようになっていました。

研修最終日の彼の感想文には、こう書いてありました。

「去る13日に配属が食堂部となってから、はや1週間。今日で食堂部のトレーニングも終わりです。（中略）このトレーニング中に、いろいろなことを覚え、知り合いでもなかった人たちとも仲良くなり、とても楽しかったです。だから、このトレーニングを受け持ってくれたトレーナーの皆さんにとても感謝しています。最後に私みたいな不良社会人にも親しく接してくれて、ありがとうございました」

この感想文を読んだトレーナー全員が肩の荷を下ろし、涙したものです。彼が配属されたあと、彼と同じロケーションにいた女性社員が、教育部門に異動してきたので、「彼はどうだった？」と彼女に聞いてみました。その答えが本当にうれしかったことを、今でもよく覚えています。

「彼がいちばんやさしく教えてくれました」というものだったからです。

彼にはファンが多く、そのときの新卒仲間でいちばん先に結婚しました。ディズニーシーのオープンでたまたま会ったときには、幹部社員になっているのを大変うれしく思いました。

ディズニーランドは人に力を与え、自然とコーテシーが身につく環境なのです。それはウォルト・ディズニーの温かい「心のエネルギー」が今でもそうさせているからではないでしょうか。

3 ホスピタリティはマニュアルからは生まれない

心に残った感動は一生落とせない

「私は神戸に住むOLですが、若い男性キャストの方にやってもらったことは、一生忘れません」

これは、ディズニーランドが大好きで、オープン後、東京出張などのたびに来園し、「シンデレラのキャッスルカルーセル（白馬の回転木馬）」を除いて、ほとんどのライドアトラクションを制覇していたゲストから送られた手紙の一部です。

そのゲストは、「回転木馬のようなアトラクションは他の遊園地にもあるし、いつでも乗れるから」と考え、これだけには乗っていなかったそうです。

しかし、ほとんどすべて乗り尽くしてしまうと、乗っていないことが気にかかり、「いつか乗りたい」と思うようになったのです。

しかし、キャッスルカルーセルにはいつも子どものゲストが多く並んでいて、気が引けて乗れなかったのです。そこで、「寒くて雨が降っていて、子どもがカルーセルに並んでいないときに行こう」と、機会をうかがっていたある日、また東京出張がありました。

「今回は乗れるかしら？」と思いながら、朝ホテルの窓から外を見ると、幸いなことに小雨が降っていたので、「今日は最高のチャンス！」と喜びながらディズニーランドに駆けつけ、小雨の中をキャッスルカルーセルを目指して一目散に走っていったのです。

「思ったとおり、今日は、ゲストが並んでいない」。喜んで乗ろうとしたとき、初めて気づきました。前日が会議だったので、フォーマルな黒のタイトスカートを履いてきてしまったのです。

高さのある木馬にまたがるには踏み台を使用しなければいけません。残念だけれど、その日はあきらめて帰ろうと立ち尽くしていたところに、「どうしたのですか？」と声をかけてきた若い男性キャストがいました。

彼女がそのキャストに経緯を簡単に話すと、**彼は濡れている地面に正座して**

から片足を立て、「どうぞここに足をかけてお乗りください」と笑顔で明るく言ったのです。彼女はびっくりしてとっさに言いました。

「ズボンが汚れますし、そこまでしていただいては申し訳ありませんので」

「ズボンの汚れは洗えば落ちます。それに遠くからわざわざ来てくださって、せっかくのチャンスですから、どうぞ気にせずにお乗りください」

この一言で彼女は念願をかなえることができたのでした。

彼女はそのキャストが、「ズボンの汚れは洗えば落ちます」と何げなく言った言葉に対して、「心の中に残った感動は一生落とすことができません。私は一生、東京ディズニーランドのファンになります」という手紙を送ってくれたのです。

このキャストがとった行動は、マニュアルには記載していません。ゲストの満足のために「相手の立場になって」考え、ホスピタリティ精神を発揮したのです。

マニュアルの先に感動がある

ホスピタリティは、本来仰々しいものではありません。**本当のホスピタリティは、リスクを冒し、苦しい立場になっても、相手や周囲のためになることを真摯《しんし》に実践する中で発揮されるもの**です。それが相手の感動を呼ぶのです。

乗務員のホスピタリティサービスで有名な航空会社の飛行機に乗ったときのことです。キャリアのありそうな30歳くらいのキャビン・アテンダントが、飲み物のサービスでまわって来たので、「日本茶をいただけますか？」と言うと、「少々お時間をいただきますが、よろしいですか！」という返事が返ってきました。

丁寧でソフトな言葉遣いですし、表情も笑顔なのですが、突き刺さるような視線を感じました。そして、お茶が出てくるまでに、たしかに時間がかかりました。そのとき私が感じたのは、威圧感と傲慢さでした。

「この忙しいときに、こんなに丁寧に言っているのに、なぜ手元にある飲み物から選ばないの！　面倒をかけるお客ねぇ」

噂《うわさ》のホスピタリティサービスどころか「お客様無視」の印象を強く受けたことを今も忘れません。その航空会社のサービスは、その後の何回かのフライトでも、ほとんど同様なものだったので、今は、優先的に別の会社の飛行機に乗るようになってしまいました。

他の航空会社の機内で同じように日本茶を頼んだことがあります。「かしこまりました。2~3分お時間をいただきますので、それまで、よろしければこちらをお飲みになりますか?」とウーロン茶を出してくれました。

そのキャビン・アテンダントは20代後半くらいで、「動き」に違和感を感じなかったので、「ご好意」をありがたくいただき、飲んだことがわかるくらいに口をつけておきました。それから1~2分もしないうちに、彼女はお茶を持ってきて、「もしよろしければ、お菓子をもうひとついかがですか?」と言ってくれたので、それもありがたくいただきました。

それまでこのような対応をしてくれた乗務員に出会ったことはなかったので、その方のホスピタリティレベルの高さに感心したことを覚えています。このあと、私はこの航空会社のカード会員になりました。

後者の乗務員の対応は、決してマニュアルに書かれているものではありません。乗務員個人が「リスク」を負いながらも、その場の状況や私のために考えながら対応してくれたことで、決められたことを「なぞった」ものではないのです。

感動とは「自分の期待を超え、やりたいことなどが思ってもいない形で実現されること」に対してわいてくる感情といえますが、ちょっとした行動でも人を感動させることができるという事実を、この例は教えてくれます。

ディズニーランドでは、このようなちょっとした言動が、若い準社員のキャストでも自然とできるようになっています。

4 ホスピタリティサービスを実践する16のポイント

❶笑顔と挨拶がタイミングよく自然にできる

笑顔で挨拶をするのは、ホスピタリティビジネスに携わっている人にとって最低限必要なことです。ここで重要なのは、「タイミングよく自然に」という点。その笑顔や印象が、「なぜあんなに大変なときにも」とか「いつも同じように」などと〝あとを引く〟ようにすることが、ゲストをリピーターにするコツなのです。

私が東京ディズニーランドに入社したとき、いろいろなハウスオーガン（会社で出している社内報などの冊子類）を見て、キャストの皆さんが明るい笑顔で掲載されていたことが印象に残っています。

他の企業の社内報などの写真も同じように明るく楽しそうなイメージのものを載せているので、当初はその本質的な差に気づきませんでしたが、ディズ

ホスピタリティサービスを実践するポイント

❶笑顔と挨拶がタイミングよく自然にできる
❷お客様をお待たせしない
❸明るく、その場に合った丁寧な言葉遣いをする
❹お客様から言われる前に望んでいることをする
❺お客様の名前や顔、嗜好などを覚えておく
❻その場に合わせた会話ができる
❼周囲の人に気を遣える
❽電話対応が正しく、感じが良い
❾お迎え、お見送りが感じ良くできる
❿快活でスマートに動く
⓫言われたことを忘れない
⓬清潔感がある
⓭間違いやミスを心から素直に謝罪できる
⓮お客様の動きに注意し、すぐに対応する
⓯お客様をフォローできる
⓰お客様に恥をかかせない

ニーランドの笑顔は本当に自然であることがわかったのです。

ディズニーランドでは従業員証明用のＩＤカードに付ける写真も、必ず笑顔で撮るようになっていて、そのときいちばん良い笑顔が出せる方法も教えてもらえます。

また、**ゲストに直接対応するパークで働くキャストは、オンステージに出る扉の前で、自分の身だしなみと笑顔を等身大の鏡で最終チェックします。**その鏡のいちばん上の真ん中には、ミッキーマウスが笑っている顔が描かれ、「ＳＭＩＬＥ」の文字が入っています。キャストはそれを見て、ゲストの前に出る直前に再度、笑顔の確認をしてから出ていくようになっているのです。

❷お客様をお待たせしない

お客様と目が合ったとき、タイミングよく挨拶し、「すぐに対応いたします」、あるいは「何かお困りのことがあるのですね。かしこまりました。少々お待ちくださいませ」というサインを送り、まず安心してもらうことが重要です。そして、すぐに対応することです。

たとえほんの少しでもお待たせしたら、必ず「お待たせいたしました」と丁寧に一言添えなければなりません。お客様の中には、短時間であっても「待たされた」と感じる人がいます。一言お詫《わ》びの気持ちを表すことによってゲストの気持ちを静めることができるだけでなく、ゲストの信頼も得られます。

❸明るく、その場に合った丁寧な言葉遣いをする

言葉遣いも重要です。正しい言葉遣いを知らないと、たとえ丁寧に言ったつもりでも、お客様はそうとっていないことがありますし、解釈の相違を生むケースもあります。

これをクリアするための基本は、まず「笑顔で明るいスタンス」が必要です。次は「その場の状況に合わせること」です。言葉遣いには、その人の人間的なレベルが出てしまうので、まず基本を理解しなければなりません。

ディズニーランドで、まずゲストにかけなければならない「こんにちは！」の挨拶であっても、低音で暗く言ったのでは、感性の高い敏感なゲストに対しては、見えないバリアーをつくってしまいかねません。そうなると、良いコ

ミュニケーションがとりにくくなってしまいます。

同じ言葉でも明るく話せば、たとえミスをしても、沈んだ雰囲気にならず、挽回《ばんかい》することができるのです。

普通のサービスビジネスやエンターテインメントでも当然、暗い雰囲気の言葉遣いは似合いません。ポイントは「明るい」こと、そして、心に「前傾姿勢」を持っていることです。

❹お客様から言われる前に望んでいることをする

良い緊張感を持って仕事をこなしている人は、問題意識や注意力が高いので、お客様が口に出す前に行動できます。お客様が「何かしたい」、あるいは「困っている」などのちょっとした「サイン」を出していることを見逃さず、一声かけられます。

そのためのポイントは、「お客様の一挙一動を凝視するように〝じっと〟見るのではなく、自分の仕事をしながらも、自然な状態で動きを最後まで〝ケア〟していること」です。

東京ディズニーランドの若い準社員のキャストがゲストにホスピタリティを感じてもらえるのは、自分の仕事をこなしながらも「何げなく」フォローしているからだといえます。それがホスピタリティを感じさせるのです。

彼らは自分の職種のオペレーションをこなすだけでなく、周囲のゲストに気を配っています。最後までゲストから目を離さず、お帰りになるまで見届けようという使命感を、キャスト一人ひとりが持っているともいえるでしょう。これが「心の前傾姿勢」で、「いつでもゲストをケアする準備」をディズニーランドという環境の中で自然に整えているのです。

❺お客様の名前や顔、嗜好《しこう》などを覚えておく

サービスに対して意識の高い人は、お客様の名前や顔、また細かい嗜好などを覚えようとします。

お客様とさりげなく話した内容を覚えておくことは、その後のコミュニケーションを良いものにし、仕事をやりやすくします。

東京ディズニーランドには、リピーターといわれる、何百回と来ているゲス

トの方が増えていますが、この傾向は「年間パスポート」のチケットを発売してからますます拍車がかかっています。

それに伴い、あれだけ多くの人たちが来園する大きな施設の中でも、リピーターであるゲストの顔や名前を知っているキャストが生まれています。

❻その場に合わせた会話ができる

会話は、その場の雰囲気を高められるようにしなければ意味がありません。

その場の状況を理解し、相手に合わせながら会話を交わすことは、決して自分のことや知っていることを一方的に、また自慢げに話すことではありません。

お客様の質問に答えることが基本になりますが、会話が途切れたときに話が続くようにさりげなく質問したり、話の向かっている方向が違っているときには正せるように会話の流れをコントロールすることも大切です。

❼周囲の人に気を遣える

目先のことしか見ていなかったり、自分と合う人ばかりに対応していてはキャストは務まりません。また自分の好きなタイプの人ばかりに気を遣っていたのでは、他のお客様は感動するどころかイライラしてしまいます。ましてチップなどを見込めるお客様だけに特別なサービスをしたりしていると、良いお客様も良い従業員もいなくなってしまいます。

小児科の名医といわれるある先生は、いつも白衣のポケットに手を入れながら子どもの患者を診ていたので、それを不思議に思った人が、「なぜいつもポケットに手を入れたままなのですか？」と聞くと、「小さいお子さんに、冷たい手で触ると、それだけでビックリして不安になるからです」と答えたという話を聞いたことがあります。

あるお寿司屋さんでは、70歳ほどの年配の母親と娘が同じお寿司を頼んでいました。母親が「このお寿司食べやすいね」と言ったので、娘が何げなく、カウンターで寿司を握っていた一見気むずかしそうな大将を見ました。すると、何も言わずに母親のほうの寿司だけ、食べやすいように「隠し包丁」を入れ、半分にしていたのです。

仕事の質は、年齢や経験年数、職位や企業規模の大小などは関係ありません。個人の質が大きく関係しています。

「サービスとは、私たちの日頃の〝動き〟の延長線上にある」と私が考えるようになったのも、東京ディズニーランドに「周囲に気を遣う」キャストがたくさんいたことが大きく影響していたと思います。

⑧電話対応が正しく、感じが良い

お客様からの電話への対応は、大変重要です。

ぶっきらぼうだったり、失礼と感じさせるものであったり、傲慢な感じを与える対応をすると、それだけで確実にお客様を失うことになります。

私は「ディズニーランドの電話対応は、どうしてあんなに感じが良いのですか？　どのように教えているのですか？」という質問をこれまで何度も受けてきました。

私自身も在籍中に、会社に電話をかけたときに、いつも対応してくれる従業員の感じが良いことを誇りにしていました。

ディズニーランドの電話対応が話題になり、その後デパートやホテルなど多くの一般企業がオペレーター教育を盛んに行なうようになったのも「ディズニーサービス」の効果だと思っています。

かつて1泊何万円もする東京近郊の高級旅館30軒ほどを対象に「電話対応」の調査をしたことがあります。

電話で空いている日や金額などを聞いたのですが、多くの高級旅館は「うちは1泊2食付きで〇万円からですから……」と言葉遣いこそ丁寧でしたが、「泊まれるものならどうぞ」と足元を見るような言い方でした。

こちらが「ではまた考えて……」と言うと、「そうですか。よろしくお願いいたします」とは言うものの、最初に電話に出たときよりも素っ気なくなりました。1軒を除いては決して行きたいと思わなかったことをよく覚えています。

電話をかけた時間は15〜16時くらいの間だったので、準備などで忙しく、人手が足りなかったのかもしれません。しかし、ちょっとした電話の対応で印象が大きく変わるものです。

⑨お迎え、お見送りが感じ良くできる

お迎えは、お客様にリラックスしていただきながら、お客様の状況などの確認をし、その対応を考えることといえます。

お見送りは、お客様が不満などを持ち帰ることのないように、最後の確認と次回の利用を促すようにすることです。

途中で何か問題が起きたら、そのまま帰らせるようなことがあってはなりません。お客様にいっさい不満がなく満足されているのであれば、その余韻《よいん》を味わいながら帰っていただくことが大切です。

ディズニーランドには「プレショー」というコンセプトがあります。ゲストがパークの中に入る前から、ゲストを歓迎する雰囲気を徐々に盛り上げるためのしかけをしているのです。

「プレショー」は、基本的にはアトラクション施設などの「メインショー」に対する考え方で、お客様がキューライン（お客様が一列に並ぶライン）に並んでいる間も飽きさせることなく、待っている時間が楽しくなるように、メイン

「プレショー」とは

プレショー

列に並んでいるときに
見せるショー

遠くからも
見える花火

「シンデレラ城」や
ディズニーシーの火山が
入場前に見える

電車を降りると聞こえる
ウエスタンリバー鉄道の汽笛

スピーカーから流れる
ディズニーミュージック

キャラクターの形に
整えられた植栽

ゲストの気分が徐々に盛り上がっていく

Point

入場前にゲストを歓迎する雰囲気を盛り上げるのがお迎えのポイント

ショーの直前にもショーを見せているのです。

プレショーはパークに入る前から考えられており、電車や車で来園されるゲストが、ディズニーランドに近づくにつれて、「シンデレラ城」や「スペース・マウンテン」「ビッグサンダー・マウンテン」「スプラッシュ・マウンテン」の施設、あるいはディズニーシーの火山や「ディズニーリゾートライン」のモノレールなどが見えるように設計されていて、夜の花火なども遠くからでもその華やかさが伝わるようにしています。

電車から降りると、駅自体がほとんどディズニーリゾート専用になっていて、ウエスタンリバー鉄道の汽笛が聞こえてきます。また、ゲートまで歩いて行く間のペデストリアンブリッジ（歩行者専用橋）を歩いていると、スピーカーからディズニーミュージックが聞こえ、橋の欄干にはキャラクターなどが配置されています。

パークに向かう途中の植栽では、キャラクターの形にカットされたトピアリー（装飾的に刈り込んだ樹木）が出迎え、パークに入るとキャラクターの着ぐるみが待っています。帰りには、これらがまた見送るのです。

このようにパークに入る前に、徐々にゲストの気分や雰囲気を高めていくしかけがたくさん散りばめられているのです。

⑩快活でスマートに動く

人は、自分がお客様の立場だと、従業員のことをよく観察し、怠惰な動きをしているとイライラしたり違和感を覚えたりします。

しかし、同じ人が従業員の立場になったとき、お客様の立場で感じたことを思い出す人は多くありません。本来お客様に来ていただくことはありがたいはずですが、自分だけが働くのは損だと思ってしまう人が少なくないのです。

ディズニーランドでは、オープン当初の大混乱でつらい思いをしたにもかかわらず、若いキャストを含め、多くのキャストがあきらめることなく力を合わせ、キビキビと働いてくれました。これがディズニーランドのその後の発展のベースをつくり、今のキャストにその快活さがバトンタッチされているのです。

⑪言われたことを忘れない

お客様から言われたことや、自分がお客様に言った（約束した）ことを忘れてしまったら、お客様から不愉快に思われ、信頼してもらえなくなります。当然、顧客にはなってもらえません。スタッフはお客様からいろいろなことを頼まれ、1人でいくつもこなさなければならないこともありますが、一人ひとりのお客様は、ひとつしか頼んでいないのです。

東京ディズニーランドでは、ゲストから質問を受けたときの心構えとして、次のように教えています。

「私たちにとっては同じような繰り返しであっても、ゲストにとっては初めての質問です。どんなに忙しいときであっても、誠意を持って忘れずに質問に答えましょう」

⑫清潔感がある

サービス業に携わる者として、頭から足元まで清潔感があることは最低限のルールです。これは、ホスピタリティサービスを実践するときの基本です。

ウォルト・ディズニーは、映画の経験が長かったため、完璧な環境をつくると、ゲストはその世界を疑わなくなることを知っていました。

しかし、せっかくゲストが「夢と魔法の国」に感動し、酔いしれていても、パークがゴミだらけで汚れていると、急に現実の世界に引き戻されてしまいます。

ディズニーランドでは清潔さを重視し、相応の費用をかけています。毎日夜中に何百人ものナイトカストーディアル（夜中、ゲストがいないときに掃除をするスタッフ）がホージング（水洗い）し、「朝いちばんに来られたゲストの赤ちゃんが、パークのどこでハイハイしても汚れない」ような環境を整えているのです。

そして、デイカストーディアル（昼間、ゲストがいるときに掃除をするスタッフ）はどこが汚れても15分以内に元の状態に戻し、ゴミがゲストの目にできるだけ触れないようなシステムをつくり上げました。

さらに清潔さを徹底するために、「キャスト自身が清潔な身だしなみに気をつける」だけでなく、準社員の新人研修のときからディズニールックを常に守り、コスチュームを毎日洗濯に出し、清潔にするようにしつけているのです。

⑬間違いやミスを心から素直に謝罪できる

仕事中には必ずミスが起きると考えておかなければなりません。ポイントは、万が一ミスが発生しても、正当化したり取り繕ったりせず、素直に、そして冷静に対応できるかということです。

東京ディズニーランドでは、準社員キャストの研修時に「ゲストに暴言をはいたり、侮辱に値する行為を行なったときは、解雇を含めた懲戒処分の対象になること」を伝えています。

また社員には、ゲストが何らかの原因で苦情を言ってきたとき、慎重に対処し、思いやりと忍耐を持って接することを要求しています。決して感情的にならず、苛立《いらだ》ったゲストの気持ちを和らげられるように、**ディズニーランドの代表として対応することを求めているのです。**

しかし、万が一、自分一人では解決できそうもないときや、ゲストが上司と話したいと言ってきたようなときは、その経緯などを上司に事前に説明してから、ゲストの要求に応えるシステムをつくっています。

⑭お客様の動きに注意し、すぐに対応する

お客様がスタッフにいてほしいと思うのは、何かで困っているときです。そんなときには、必ずスタッフがそばにいなければ、お客様からは信頼されません。しかし、その場にいればいいというわけではありません。何の対応もできなければ、かえって不満が大きくなります。

ディズニーランドでは、たとえば小さい子どものゲストが迷子になった場合、少なくとも「ポリス役」のセキュリティーか、自分のテリトリーを15分に1回まわってくるカストーディアルのキャストが子どもと出会うようになっています。

ワゴン販売などをしているキャストも、商品補充などのために無線を持っているので、たとえ1人でいてもそのような事態に、すぐに対応できるようになっています。

この他にも、パークに関連することであれば、どのようなことでも教えてくれる「フラッシュ333」というシステムを設けています。

そして、専門的な知識が必要な場合や、組織全体で対応しなければならないような問題が起こった場合に対応する「デューティー（責任者）制度」もつくっています。

その日のパーク全体の責任者の「パーク1（ワン）」だけでなく、食堂部であれば「フードワン」のように部門責任者が決められています。また同時に、地震や雷などの天変地異が起こった場合、その規模や状況によって自動的に対応する非常事態の「措置システム」が決められていて、どんな事態にでもすぐに対応できるようになっています。

⑮お客様をフォローできる

お客様に事前に情報を伝えておいても、忘れてしまったり聞き逃がしたりすることもあります。そんなときには、お客様に失礼がないようにさりげなく、再度フォローできるようにしておかなければなりません。

ウォルト・ディズニーは、ゲストに何か問題が起こったとき、「あなたはあそこに書いてあったことを読まなかったのですか？」とか、「アナウンスを聞かなかったのですか？」などとゲストに恥をかかせるような対応をすることを嫌いました。

そのため、失礼にならないように配慮しながら、丁寧に明るくゲストをフォローするようなオペレーション方法を編み出したのです。

⑯お客様に恥をかかせない

お客様の中には初めて来園する人や、施設利用に慣れていない人もいます。そのようなお客様に対して失礼なことをしたり、恥をかかせたりしては、もう二度と来園してくれないでしょう。

ある特急電車のグリーン車に乗っているとき、切符の確認に来た50代半ばの男性車掌は、丁寧な感じでした。しかし、20歳前後の若い女性客がグリーン車と知らずに乗っていたとき、他のお客様を見渡しながら急に声を大きくして、「ここはグリーン車だから、○○円払わないと乗れないよ！」と言う場面に出くわしたことがあります。

彼女は顔を赤らめて、無言で隣の車両に移動しましたが、車掌のレベルを垣間見て、不愉快に思った記憶があります。

ディズニーランドでは、たとえ運営上のことでゲストに指示をしたり、断りを入れなければならない場合でも、決してゲストに失礼な印象を与えないように、厳しい教育を行なっています。

断定的に断ること、つまり「禁止だからできません」「無理だからダメです」というような言い方はいっさいさせないのです。

ゲストの立場に立ち、「大変申し訳ございませんが、〜していただけないでしょうか」、あるいは「恐れ入りますが〜願えませんでしょうか」などといったソフトな言い方で、依頼をするようにしています。

決してゲストに恥をかかせたり、違和感を感じさせたりしないように配慮しているわけです。

第3章

実例で知るディズニーランドのホスピタリティ

1 ゲストへの「コーテシー」が感動を呼ぶ

年間5000通のクレームと感謝の手紙

東京ディズニーランドには、ゲストから年間5000通くらいのクレームや感謝の手紙が届きます。

なかには、期待しているからこそクレームを言ってくるゲストもいますし、思いがけない感謝の手紙を書いてこられるゲストもいます。直接手紙を出していない人々も、さまざまな思いや感慨を持っているはずです。

ディズニーランドのクレームや感謝の手紙には、私が知らないものもまだまだたくさんあります。

辞めてから20年以上経ってしまったため、うろ覚えのものや忘れてしまったものもあります。しかし、現在の仕事の中で新たに知ることも少なくありません。そして、このような一つひとつのエピソードやクレームが、キャストの意識を高め、ゲストに感動してもらえるレベルのサービスを当たり前に実践するためのベースとなってきたことは間違いありません。

その一方で、ゲストからクレームが出ないように、ＣＳ（顧客満足）も高めてきたのです。

本章では、私が実際に体験したエピソードや、ゲストから聞いた話、手紙や新聞の記事などをもとに、ディズニーのホスピタリティがどのように実践されているかを具体的に見ていきましょう。ビジネスでホスピタリティサービスを実践するうえでのヒントが眠っているはずです。

「ディズニーランドのおかげで死なずにすみました」

15年以上前、あるセミナーが終わったとき、40歳過ぎくらいの男性が近寄ってきて、フレンドリーですが、どこか自嘲《じちょう》気味に話しかけてきました。

「今日はありがとうございました。私の一家は、ディズニーランドに行ったことで、死なずにすみました」

その方は小さな電気店を営んでいたのですが、関連業者の倒産のあおりを受けて不渡りを出してしまったことや、不況で経営がうまくいかず借金苦に陥り、小さい子ども2人を道連れに、一家4人で心中しようと考えたことを話してくれました。

死ぬ前に「ディズニーランドに行きたいと言っていた子どもたちを十分遊ばせてあげよう」と奥さんと相談し、ディズニーランドに出かけたそうです。

そのとき、何も知らない子どもたちが無邪気に遊ぶ姿や、ハンバーガーを食べたレストランで、子どもたちを自分の子どものように気遣ってくれたカストーディアルのキャストの姿を見るうちに、だんだんと気が変わっていきました。清潔な施設でキャストがみんな感じ良く、楽しそうに働いていたことに感じ入ってしまったというのです。

「妻と子どもたちをもう一度、ディズニーランドに連れてきてやりたい」と、再度チャレンジする勇気が出て、精神的に立ち直るキッカケになったと述懐されていました。

その後、何とかなるところまで漕《こ》ぎ着け、「もう一度そのときのことを思い出したかったんです。そして、感謝の言葉を伝えたくて……」という理由で会場に来ていたのです。

私はそのとき、申し上げました。

「ありがとうございました。こちらのほうがかえって勇気をいただきました。これからもぜひ頑張って、ディズニーランドに行ってください」

私はこのとき、１人の人間として、他人様に「夢や希望」を与えられるディズニーランドというすばらしい「ステージ」に関与できたことに感謝しました。

同時に、このゲストのように、さまざまな事情を抱えながらディズニーランドに遊びに来ている人たちがいることを知り、あらためてディズニーランドの使命と責任を感じたのです。

半年に一度見直されるマニュアル

あるセミナー会場で、「マニュアルなんていうものは、金儲けのために人をロボットのように動かすためのものだと思っていました」と50代半ばくらいの方が言ってこられたことがあります。

この方は小さな食品製造会社を経営しており、ディズニーランドが当初からマニュアルを使って成長してきたことに、マニュアル至上主義的な印象を抱いていたということでした。

「格好いいことを言っていても、しょせんは儲けるために若い人たちに画一化したサービスをさせようとしているだけだろう」と思っていたのです。

ディズニーランドに不信感を持っていたため、家族から誘われても自分だけが家で留守番をしていたそうです。しかし、家族が帰ってくると、ディズニーランドの話で盛り上がっている。自分はその輪の中に入れず、ちょっと寂しい思いもしていたそうです。

その後、ディズニーランドに関するいろいろな情報を見聞きしているうちに、自分の目で確かめたくなりました。ちょうどそのとき、息子さんからの誘いがあり、初めて訪ねてみたのです。

そのときパークで目にしたものは、オンステージで働いている若いキャストたち。清潔感があってイキイキとし、機械的な感じはいっさいありません。自分のような年配の人間に対しても丁寧に、心を込めて対応してくれたことに感動し、「マニュアル」に対する考え方を変えたのだそうです。

しかし、どうして今どきの若い人たちが、そのようなすばらしい仕事ができるのか理解できなかった、と私に告白してくれました。

「マニュアルは完璧なものではないので、半年に1回見直します。そのとき一般のキャストの意見や考え方などが入るようになっています」と私が申し上げると、目から鱗《うろこ》が落ち、納得されたということでした。

マニュアルは決して、人を機械的に動かすものではありません。初めての仕事をする人たちに、まず「仕事として納得できるレベルの標準を理解させるもの」で、そこからスタートし、徐々にレベルアップさせるのです。

ディズニーランドでは、マニュアルの標準ですら70〜80%のレベルでしかなく、残りは場面やゲストの状態によって対応が異なると考えています。決して型にはめるものではないのです。

「マニュアルとは〝技能〟を〝技術化〟するもの」であり、「技能とは、今現在その人にしかできない、すばらしい能力やサービスのこと。技術化とは、誰もが同様に実行できるように、標準化・一般化すること」です。

したがって、「マニュアル化とは、今現在その人にしかできない、すばらしい能力やサービスを、誰もが同様に実行できるように、標準化・一般化すること」と定義しています。

マニュアルは「生き物」です。「一度つくってしまえば終了」というものではありません。ウォルト・ディズニーがディズニーランドを「パークは一生完成しない」と言ったように、時代や環境、オペレーションレベルなどに合わせて、高め続ける必要があるのです。

空き時間に車いすのゲストを案内したキャスト

東京ディズニーランドがオープンした翌年、静岡の新聞に掲載された投稿記事を紹介しましょう。記事の主は70歳過ぎのゲストです。

「私は過日、昨年の開園までに10年の歳月と1500億円の経費を要したという東京ディズニーランドに行く機会を得た。

広大な面積、終日流れる音楽。施設も欧米ふうで駐車場に近づいただけでも

マニュアルは生き物

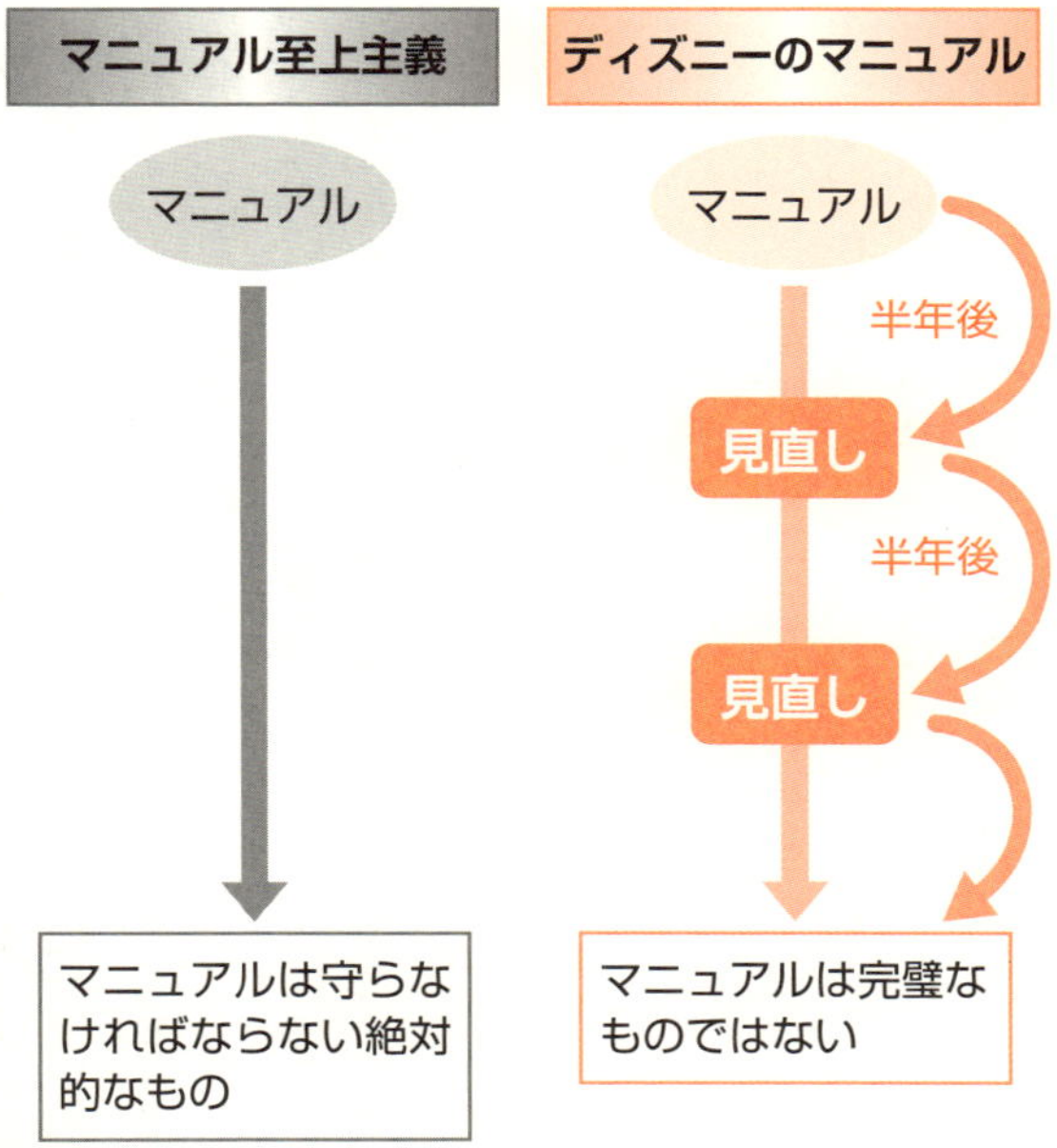

Point

マニュアルがカバーできるのは70～80%
残りの対応は場面やゲストによって変わる

ここがかつての東京湾の一角かと疑いたくなる。まさに一驚に値する。

身障者の私は、レンタルの車いすを借りた。初めて使う車いすは、ものの5メートルを移動するのにも想像以上の苦労がある。とても使いこなせる代物ではない。私は解約を申し込んだ。係員は快くそれに応じ、1日500円の料金を全額返してくれて、しかも丁寧な言葉遣いで対応してくれた。

しばらくベンチで休んでいると、品の良い2人の中年女性の職員がやってきて、いろいろと事情を尋ねられた。まもなく車いすを持ってきて、『1時間半ぐらいは手が空いていますから、できるだけご案内いたします』と申し出をしてくれたのである。おかげで1時間半にわたって『見る、聞く、乗る』の3施設を楽しんだ。

私は別れ際に丁寧にお礼を言い、薄謝を差し出した。だが、2人の女性職員は『規定で禁じられておりますから、せっかくですが』と、にこやかな笑みを見せて空の車いすを引いて去っていかれた。

車いすの解約といい、2人の女性の潔癖さといい、営利本位の企業が多い中にあって、なんと紳士的な施設であろうか。そのほかにも、園内の清潔さ、従業員の服装や接客態度など、すがすがしくさわやかの一語に尽きる。私の心は澄みわたった秋空のようにさわやかで、帰りのバスの中の心は弾んだ。この会社の経営者の美しい心と豊かな見識に感謝と敬意を表したい」

私は、若い人たちのディズニーランドの楽しみ方や驚き方と、ご年配のゲストの感激するポイントは少々違うと考えています。

年配の方々には、毎朝「向こう三軒両隣り」を掃き清める習慣がありました。ディズニーランドのホスピタリティや清潔さに触れ、思いやりを持って隣近所と付き合った時代への郷愁を覚えるのではないでしょうか。しかし、これこそウォルト・ディズニーが願っていたことで、単に「娯楽」の場の提供を目指していたわけではありません。

私はかつて、斜陽のいくつかの温泉地で講演を行なったとき、「温泉地は病気の治療や精神的な癒しを求めるお客様や、もの書きに利用する小説家に愛されたからこそ、文化や伝統を育むことができました。にもかかわらず、なぜ〝秘宝館〟のような施設が温泉地になければならないのでしょうか？」と、偉そうなことを申し上げたことがあります。

先の投書をした方も書いているとおり、営利本位で〝こけおどし〟的な企業や施設は、どんなに歴史があろうと、またお金をかけて豪奢《ごうしゃ》な施設をつくろうと、もしそれに携わるスタッフの対応が傲慢であれば、お客様をだんだんと遠ざけてしまいます。

先の投書と同じようなエピソードがもうひとつあります。これもある地方新聞に掲載された記事です。

両親と子ども2人の親子4人と、おじいさんの計5人でディズニーランドに行ったときのこと。お昼を食べたあと、おじいさんは、「私は車いすだから」と、屋根のついているワールドバザールのベンチ横で待っていることにし、夕方6時過ぎに家族4人がそこに戻る約束をしました。

午後2時過ぎぐらいにおじいさんが車いすでウトウトしていると、2人の女性キャストが近づき、「おじいちゃん、大丈夫ですか？　どうされたのですか？」と声をかけてきました。

おじいさんは、家族5人で来ていて、6時くらいには皆がその場所に戻ってくることを話しました。すると、２人のキャストは、**「私たちはもう仕事が終わり、2時間半くらい空き時間ですからパークを一緒に回りませんか」**と言いました。そして車いすを押しながらパークの中をグルッと一周し、５時過ぎくらいに元の場所に戻ったのでした。

おじいさんは、お礼を言うと、２人のキャストはおじいさんを気遣いながら、その場をあとにしたのでした。

６時過ぎくらいに家族が戻ってきたとき、おじいさんが「楽しかったかい？」と家族に尋ねると、皆が気を遣いながらいろいろと話し出しました。ところが、ある施設の話になったときに、何も知らないはずのおじいさんが、それについてコメントしたのです。家族が「えっ！　おじいちゃん、１人で回ったの？」とビックリしたのはいうまでもありません。

おじいさんが２人のキャストのことを家族に話すと、息子夫婦はおじいさんが謝礼などを出せるはずがないことを知っていたので、２人のことを探し出してお礼をしようとしました。しかし、名前も何もわからなかったため、新聞に投書したのでした。

寝たきりの子に起きた奇跡

「東京ディズニーランドの皆様、楽しい夢の世界をありがとうございました」という言葉から始まる手紙が届いたことがあります。

差出人は静岡から4人で来園したゲストで、重度の重複障害を持つ6歳の子どもと一緒でした。

突発的にいろいろな症状が起こる可能性があるので、本来なら外に出られない状態でした。それでも、病院の先生から許可を得て、万が一のときに備えて薬も用意し、ベッド式の車いすにふとんを敷いて一緒に来園されたのです。「最初で最後のディズニーランド」のつもりだったのです。

お医者様から、「目も見えないかもしれないし、耳も聞こえないかもしれない。どこまで理解できるかわからないよ」と言われたので、付き添ってきた家族は「いつものようにベッドで一日中寝ているだけで、疲れ切って帰ってくるだけかもしれない」と思いながらもチャレンジしたのでした。

しかし、1日目の夜のパレードのとき、その子どもさんが、しっかりと目を開き、光を目で追い、口元には笑みを浮かべているのに気がつきました。「初めてこの子の目が見え、耳が聞こえることを確認し、うれしさのあまり泣いてしまいました」と両親は心から喜んだのでした。

さらに、2日目の昼間のパレードのとき、通り過ぎてしまいそうだったパレードの中から、出演しているエンターテインメントのキャストが、わざわざ列を抜け出し、子どもの手を握って「よくいらっしゃいました」と、笑顔で声をかけたのです。

家族は、一言で言い表せないほどの感動を覚え、その子どもさんに、「また必ず来ようね」「来てよかったね」「生きていてよかったね」と声をかけながら、号泣してしまったことを手紙にしたためて送ってくれたのです。

事情を知らないはずのキャストからのお礼

「スカイウェイ（ロープウェイのアトラクション：現在はない）を降りるとき、事情を知らないはずのキャストの方からお礼を言われ、サービスを徹底するディズニーランドに感動しました」というゲストからの手紙をいただいたここともあります。

ディズニーランドは前述のとおり、安全性を最も重視しているので、小さな子ども1人では乗れないアトラクションがかなりあります。しかし、せっかく来園されたゲストに楽しんでもらうために、キャストはできるだけ乗っていただく方法を提案します。

ファンタジーランドとトゥモローランドを結んでいた「スカイウェイ」という乗り物の場合、本来、子ども1人では乗れません。しかし、両親から「1人で乗ってらっしゃい」と言われ、子どもだけで列に並んでしまうことが、ときどきありました。そんなときは、列の前後の大人のゲストに付き添いを頼んで乗ってもらうようになっていました。

このときも、トゥモローランドから乗った子どもの付き添いを、中年の女性ゲストに依頼しておきました。ファンタジーランドで降りたとき、その経緯を知らないはずのキャストから「ご協力をいただきましてありがとうございました」とお礼を言われたので、ビックリすると同時に、そこまでフォローするディズニーランドの姿勢に感動したのでした。

オペレーションを行なったキャストは、マニュアルに決められているとおり実行したにすぎず、ゲストから感謝され、手紙までもらうとは夢にも思っていませんでした。しかし、この手紙をきっかけに、自然にモチベートされ、マニュアルに書かれていない残り20～30％の対応を、自分で考え、実践するようになっていったのです。

身長173センチの〝小さな巨人〟、田臥《たぶせ》勇太選手を生んだ、秋田県の能代工業高校のバスケットボール部を率いた加藤監督は、「選手を育てるには、最低でも高校生のうちから仕込まなければ無理だ」と、高い報酬で誘いをかけてきた有名実業団の監督就任依頼を断わり、高校で指導を続けました。

高校のバスケットの世界で連破を続けているとき、テレビレポーターの「なぜ、能代工業高校のバスケット部は強いのですか?」という質問に対して、「環境です」と答えていたのが印象的でした。

選手には「試合に勝つには技術も体力も必要。でも、考え方がわからなければ勝てっこないよ」と厳しく教え、田臥選手のような世界で通用する一流選手を育て上げたのです。

ディズニーランドの準社員のキャストや若い社員は、気がついたらディズニー式のホスピタリティが実践できるようになっていることが多いのですが、それは、「ゲストに感動してもらいたい」という意識を高揚させる「環境」が、自然にそうさせていると考えられます。

ウエスタンリバー鉄道やマークトウェイン号の船の上からゲストへ「手を振る」というアクションは、オープン当初、キャストもまだちょっと気恥ずかしいと思っていたようでしたが、現在ではゲストのほうから先に手を振られるほど普通の行動になっています。

女の子が大切にする「思い出の傘」

「うちの孫娘はディズニーランドでもらった傘を、今でも大切にしています」

おじいさんとおばあさんが、孫娘を東京ディズニーランドに連れていったとき、急に雨が降り出してきたそうです。

「雨がやむまでどこかで雨宿りをしよう」

おじいさんとおばあさんが言ったのも聞かず、孫娘は1人で、雨宿りをしていた場所から、小雨が降っている外に出て行ってしまいました。2人は追いかけて「風邪をひくから」と連れ戻そうとしましたが、全然言うことを聞かず歩いていました。そこに1人の女性キャストが通りかかり、自分がさしている傘を「どうぞ」と言って女の子に差し出したのです。

おじいさんとおばあさんは、「あなたが濡れてしまうではないですか。どこかで傘を買いますから」と言うと、「私は大丈夫です。すぐそこですし、まだ他にも持っていますから」と、傘を女の子に渡し、おじいさん、おばあさんのために、傘を売っている店舗へ案内したのです。

2人は傘を買って返そうとしたのですが、そのキャストはそのまま立ち去ってしまいました。そのあと、女の子はもらった傘を、「ディズニーランドの傘」といって愛用しているそうです。

アイスクリームを落としたゲストが感動したこと

「お金もとらず、嫌な顔もせず、すぐに新しいアイスクリームをくださったことに驚きました」

長時間並んでやっと買えたアイスクリームを、子どもが目の前で落としてしまいました。両親は、何も言えずアイスクリームをジッと見ている子どもを怒ることもできず、もうひとつお金を出して買おうとしました。

ところが、そこのキャストは笑顔で、「お金はいいですよ。（落ちた）アイスクリームはそのままにしておいてください。こちらで片づけますから。それより、お洋服は大丈夫ですか？」と、スピーディーに対応したのです。

そのゲストは、列のうしろのお客様たちのことが気がかりになっていたのですが、対応が早かったので余計な気遣いをしなくてすみました。

ディズニーランドのマニュアルには、アイスなどをその場で落としてしまった場合、すぐに取り替えるように書かれています。しかし、そのキャストも機械的ではなく、それ以上の心のこもった対応を自然に行なっていたのです。

「新しい風船をもらいましょう」

「子どもが風船を飛ばしてしまったのですが、キャストの方が風船を売っている人のところに連れていってくれて、新しい風船をいただきました。泣いていいた子どもも泣きやみ、助かりました」

子どもが、持っていた風船を放してしまったのです。それを見ていたキャストが、「新しい風船をもらいましょう」と声をかけました。泣いている子どもの手を引き、「風船を飛ばしてしまいましたので、新しいのをください」とバルーンのキャストから新しい風船を受けとって、その子に渡したのです。

ゲストが「料金は？」と聞くと、そのキャストは「大丈夫です。お持ちください」と風船を渡しただけで、お金を受けとろうとしません。

いくら250円ほどの商品であっても、ビジネスであることに変わりはありません。にもかかわらず、子どもが風船を飛ばしてしまったのを見て、面倒くさがらずにわざわざ声をかけてくれて、しかも無料で新しい商品をくれる。そんなサービスに感激し、お礼の手紙をくださったのです。

ちなみに、バルーンは、万が一、不可抗力で割れてしまった場合、結び目の部分を持っていくと、取り替えてもらえるようになっています。

夏場など、ピークシーズンのときは、ゲストがどのくらい入っているかを知るのが楽しみだったのですが、駐車場から空を見上げるとだいたいわかります。数多くの風船が空を飛んでいく。そんなときは、多くのゲストが入って混んでいます。また、そんな時期はワールドバザールの天井に、たくさんの風船が、解き放たれるのを待っているかのようにたくさんくっついています。

お弁当を開いていた老夫婦

ある日、ワールドバザールのベンチで、老夫婦がお弁当を開き、まさにこれから食べようとしていました。

そのとき、「申し訳ございません。パークの中ではお弁当を召し上がっていただくことはできませんので、専用の場所に案内いたします」と、キャストが老夫婦を「ピクニックエリア」に案内しました。

最初、老夫婦は怪訝《けげん》な表情を浮かべていましたが、ゲートの再入場に必要となる肉眼では見えないスタンプを手の甲に押してもらったあと、ピクニックエリアまで移動しました。すると、**キャストが「ありがとうございます。こちらのテーブルをお使いください」と自分のハンカチを使って、すでにキレイに清掃されているイスとテーブルを念入りに拭いて席を用意しました。**

それまで不満そうな顔をしていた老夫婦は、そのキャストから、ゲストの視線などを気にせずに食べられることなどを聞き、かえって、このような場所を専用に用意していることに感動したのでした。

老夫婦は、それまで遊園地などに行くと、飲食店があっても、あまりキレイではないので、いつも弁当を持参しているとのこと。しかし、弁当を持ち込んだ手前、フード販売をしているスタッフの視線に気を遣いながら食べていたそうです。

この他にも、「会員制レストランの『クラブ33』で、子どもの誕生日にミッキーマウスとミニーマウスが登場し、これまでで最高の誕生日になった」というお礼の手紙をいただいたことも数多くあります。

新婚のゲストからは、こんな楽しいレターも届きました。

「シンデレラ城の前で記念写真を撮ったとき、『撮りましょうか？』と明るく声をかけてくれたキャストに『キャッスルで結婚式を挙げたかった』とつい言ってしまいました」

2 「ゲストの立場に立つ」ということ

スリ集団をも魅了した⁉ ディズニーの魔法

オープン当初、東京ディズニーランドに、警視庁が目をつけている外国のスリ集団が、大挙してやってくるという連絡が警察から入ったことがあります。パーク内は厳戒態勢を敷きました。しかし、いくら時間が経っても何の問題も報告されず、終わってみたら「外国のスリ集団」も、アトラクションを純粋に楽しんで帰ったようでした。

「夢と魔法の王国」であるディズニーランドには、いろいろなゲストがやってきます。しかし、少なくとも私がいた5年の間に、暴力ざたになるような事件もいっさいなく、ゲストの皆さんは魔法をかけられたように楽しんでいかれました。肩透かしにあったようですが、それがうれしくもありました。それが当たり前の場所なのです。

パークに入ったら、どんな大人でも、小さな子どもでも、自然にコーテシーを守るようになる。ディズニーランドは、そんな不思議な魅力と雰囲気を持っています。まるでディズニーの魔法にかかってしまったかのようです。

ウォルト・ディズニーという心の温かい人が「創造した世界」では、結果的に人間の悪い面を出せなくなるのでしょう。また、こうした環境を、ホスピタリティのマインドを持った多くのスタッフが長い時間をかけて、英知と力を集めてつくり上げてきたのです。

「どうしたら断れるか」を考えてしまったキャスト

東京ディズニーランドのオープン前、日本側のスタッフと、アメリカから派遣されてきたスタッフの間で、「ゲストへのサービス」の内容について、侃々《かんかん》諤々《がくがく》の議論がありました。

日本独特の振り袖姿で来られたゲストへの対応を事前に考えておこうと、日米で協議したときのことです。当然、アメリカには「振り袖姿への対応」などというマニュアルはないので、日本側のメンバーが考えることになり、まずは日本側のスタッフが、苦情につながるような場面を考えていきました。

東京ディズニーランドにはスリルライドという、狭い空間を風を切り裂きながら走るジェットコースターのような乗り物や、「カリブの海賊」のように水しぶきがかかる乗り物があります。

万が一、その晴れ着が濡れたり、振り袖が風にあおられて鉄柱などに絡まってしまったりしたら一大事です。そこで、日本側のスタッフは、どうしたらゲストの気持ちを害さずに「断れるか」について検討を始めました。

「問題を起こさないために、いちばん手っ取り早い方法は乗せないことだ」

「振り袖姿のゲストは、わざわざ来たのに好きなアトラクションに乗れないのだから、記念に持って帰れるような特別なパンフレットを用意して渡そう」

このように、せっかくめかしこんで来てくれたゲストに対して、危険と思われるアトラクションには乗せずに帰らせる方法を相談し始めたのです。

それを聞いていたアメリカのスタッフは、「君たちは、わざわざ時間をかけてオシャレまでして来てくれるゲストをアトラクションに乗せない相談ばかりしているが、それがゲストに対するサービスになるとでも思っているのか。お

「相手の立場になる」のが ホスピタリティの基本

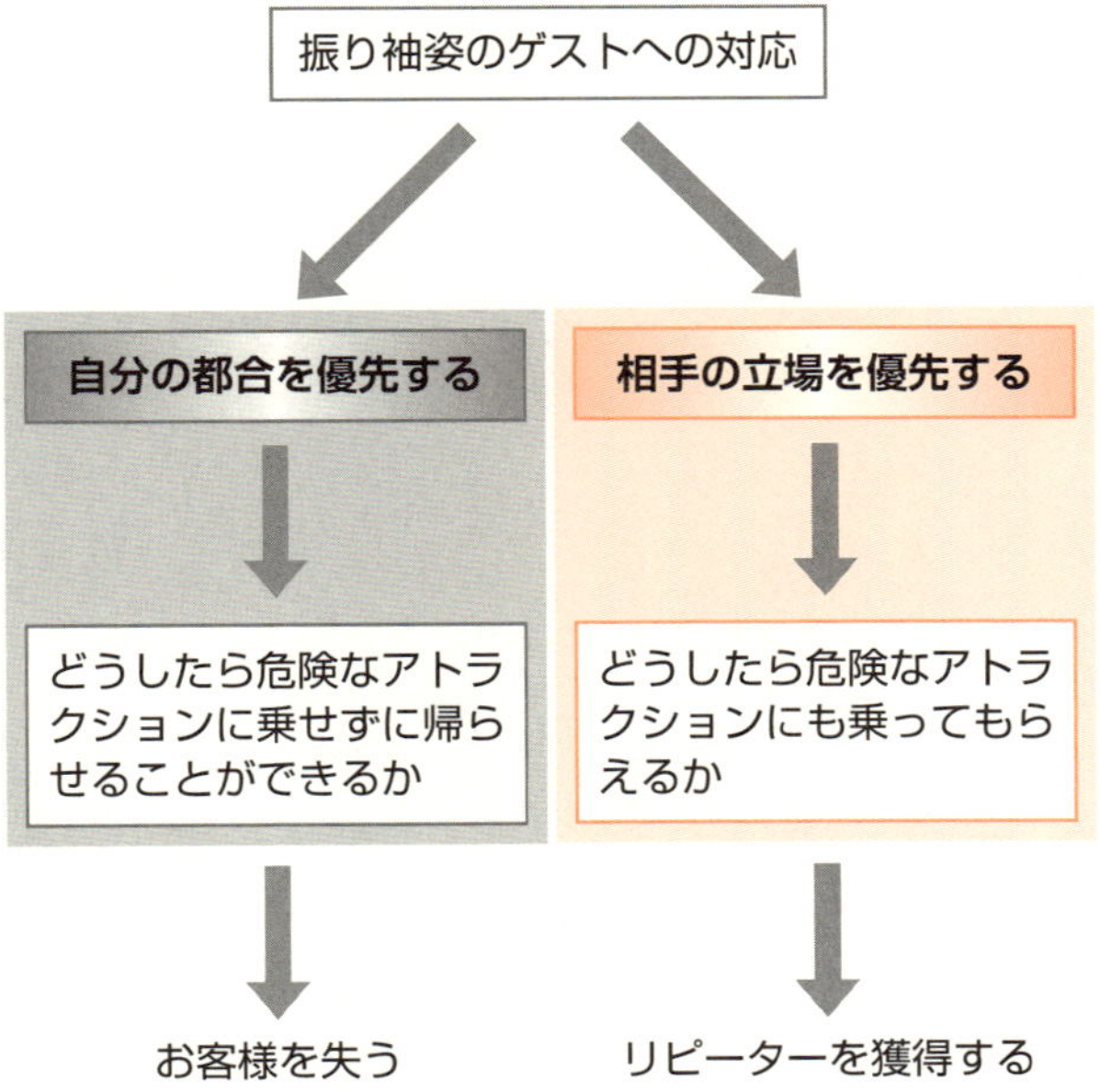
振り袖姿のゲストへの対応
自分の都合を優先する
相手の立場を優先する
どうしたら危険なアトラクションに乗せずに帰らせることができるか
どうしたら危険なアトラクションにも乗ってもらえるか
お客様を失う
リピーターを獲得する

Point

相手の立場になれば、
「どうすれば実現できるか」という発想になる

金を払って来てくれているお客様には、すべてを楽しむ権利がある。それを実現する方法を考えるのが、私たちの役目なのだ」と叱ったのです。

日本のスタッフは、振り袖姿のゲストにだけ、乗れないアトラクションと、振り袖でも乗れるアトラクションを書いたパンフレットをゲートで渡そうとしていました。これに対しても、アメリカのスタッフは次のように指摘しました。

「ゲストが、『振り袖が濡れてしまったのですが』と言ってきたら、君たちはどうするのか？『せっかく記念になるようなかわいらしいパンフレットを渡したにもかかわらず読みませんでしたね！』とお客様を責めるのか？」

アメリカのスタッフたちは「何とか乗ってもらえる方法を考えよう」としていたのに対して、日本側のスタッフたちは「その場では乗せずに、次回乗せる」という自分たちにとって都合の良い立場をとろうとしていたのです。日本のサービスの現場でも、似たような議論は数多くあるのではないでしょうか。

オープン前、アメリカと日本のスタッフの間には、このような「サービスに対するスタンスの差」が存在していたのです。その後、アメリカ側の厳しい指導と、双方のディベートの結果、ウォルト・ディズニーが考えたゲストサービスのDNAが受け継がれるようになったのですが、東京ディズニーランドも、最初はこのような対立を乗り越えてきたのです。

「避難」でさえショーの一部!?

ディズニーランドは、テーマ・ショーを徹底させるために、日本の法律や規制などとの狭間《はざま》で葛藤《かっとう》することがあります。当初ディズニーランド側と、日本の官庁との対立もありました。

日本には、自分が火の粉を被るようなことはできるだけ避けようとする風土があります。特に行政の場合は、「お上《かみ》」は絶対に間違えることはないという「無謬《むびゅう》性」や「正当性」などを盾に、決して折れるようなことはしません。当然、前例のない問題が簡単に処理されることはほとんどありません。

こうしたことはどこの国でもありますが、日本とアメリカの大きな違いは、日本は「過去のもの」に利権を見出し、アメリカは「将来のもの」に利権を見出す点にあると思っています。そのため、アメリカは新しいことを考えて前進しているように見えますが、日本は旧来のものに縛られる力が強く、停滞してしまうのです。

オープン前、「カリブの海賊」の避難誘導の非常口標識の照度や設置場所、また数などに対する意見の相違で、ディズニーランド側と消防局側との溝が埋まりませんでした。

「カリブの海賊」の最大の見せ場は、海賊船が碇泊《ていはく》し、そこで砲弾が飛び交う臨場感あふれる場面ですが、消防局の言うとおりに非常口用の標識を設置すると、暗闇《くらやみ》のシーンを非常口の標識の光が煌々《こうこう》と照らしてしまい、興ざめになってしまうのです。

消防局側は「施設内で火災が起こった場合、暗くて出口がわからなければゲストは大混乱に陥り、大事故に発展しかねません」というスタンスをとり、一歩も引きません。

これに対してディズニーランド側は、「照明やゲストがすぐに外に出られる場所は数多く準備し、安全な設計にしているのできちんと対応できます」と激論を戦わせたのです。

「カリブの海賊」では、ゲストが水しぶきを浴びるシーンがあります。オープン当初、日本のゲストが水濡れに対してどれだけの拒否感を抱くかわからなかったため、センサーをシビアにセットした結果、「カリブの海賊」が何回かストップしたことがあります。

ディズニーランドでは、これを「ダウン」といい、そのようなときにゲストを安全に退避させるオペレーションを「エバキュエーション（緊急に退避させるシステム）」といいます。

たまたまセンサーの過剰反応で、「カリブの海賊」のエバキュエーションが発動されて、バックステージ（通常ゲストは入れない裏のエリア）にゲストが避難誘導され、列をつくっているところに出くわしましたが、「こんなのめったにないぞ。今日はラッキーだな」などと話しているゲストもいました。

ディズニーランドが信頼されているからこそ、突発的に起こったアクシデントですら「ショー」の一部になってしまうのだと感じたものでした。

夏場の炎天対策

オープンの年の夏、ゲストが大挙して来園し、パークの中にいるゲストの人数（インパーク数）が限度を超える日が続きました。ゲートでゲストの制限をしなければならなかったほどです。

パークの中のゲストも、できるだけ多くのアトラクションを体験したいので、猛暑の中キューラインに並んでおり、待ち時間が2時間を超えるものもありました。

何といっても夏場の営業は初めての経験で、パークの地面に照りつける太陽の反射熱がそれほど強いとは知りませんでした。そのため、日除けのキャノピー（天蓋《てんがい》）をつけている場所はあまりなかったのです。

帽子を被っていないゲストが日射病にかかって診療所に担ぎ込まれる事態が連続して発生し、その対応策としてキャノピーの設置や日陰づくりが行なわれることになりました。

この対応がとられてから、ゲストの日射病の人数は大幅に減りました。

「うちの娘が帰ってこない！」

「うちの娘がまだ帰ってきてない。どうなっているんだ！　アルバイトだぞ。早く帰せ！」

東京ディズニーランドがオープンした最初の年の暮れのことです。

それまでもピークシーズン中には近隣の道路が大渋滞になり、当初は住民の方々からもクレームが出ていました。初年度の大晦日は翌日の元旦の明け方まで、近辺の道路はディズニーランドに来る車と帰る車が交錯し、まったく身動きができないような状況になってしまいました。最寄りの地下鉄東西線の浦安駅までゲストやキャストをピストン（往復）輸送していたバスまでもが走れなくなってしまったのです。

最初の年の大晦日は、午前10時からオープンし、「カウントダウン・パーティー」が終わった深夜2時まで営業したのですが、その前からゲストの車の波が止まらず、朝の5時過ぎまで交通まひ状態が続いていました。

準社員のキャストは仕事が午後10時に終わっても、バスや車が使えないので浦安駅まで歩かなければならず、ピストンバスで来園していたゲストも一緒に列をつくって帰らざるを得ませんでした。

正社員は帰宅どころではなく、トップ幹部たちも残って全体のコントロールにあたりました。トップ幹部がこのような状況を把握していることは、ビジネスにとって重要で、この教訓は次の年の大晦日の営業に生かされました。私は、幹部の方々が自ら陣頭指揮をとっている姿を見たとき、ディズニー・フィロソフィーを遵守する姿勢を感じとったものです。

その日、幹部の方々や男性社員はほとんど帰ることができませんでした。事務所や寮などで仮眠をとってそのまま仕事につき、初めてのお正月の営業を迎えましたが、誰も疲れた様子を見せずに働いていました。

私自身も同じでしたが、かえって「大変なことをやり遂げた」という達成感が、従業員全員にみなぎっていました。

ゲストを恐縮させてしまったレストラン

ディズニーランドは当初、「日本なのに、なんで和食のレストランがないんだ」という数多くのクレームを受けました。

オープンしてからも年配のゲストや、団体客を集める旅行会社などから、「年配のゲストが食べられるものや場所がないので困る。お弁当のようなものでもいいから、和食を出すことはできないのか」といった批判や依頼が数多く寄せられました。

そこで急きょ、和食レストラン「北斎《ほくさい》」がワールドバザールの2階につくられました。

ワールドバザールは、ヴィクトリア王朝の時代をテーマに全体が構成され、アールデコなどの建築デザインが取り入れられています。このレストランは、同時代である江戸時代後期の日本の中で、欧米人がいちばん知っている浮世絵師の葛飾《かつしか》北斎にちなんで名づけられたのです。

ディズニーランドには和食の施設は他にないので、年配の方や車いすの方の利用も多く、当初から多くのゲストで混雑していましたが、エレベーターが設置されていませんでした。そのため、車いすのゲストが来られるたびに3人ぐらいのキャストが、階段を使って上げ下げしなければなりません。

キャストはそれを当然のこととしてやっていましたが、運び上げてもらうゲストの多くが「スミマセン」と恐縮していました。そこで早速、ゲストに余計な気遣いをさせないために、またキャストに重労働を課さないためにエレベーターを設置しました。

国の基準よりも進んでいた食中毒対策

先ほども述べましたが、パークで万が一食中毒を出してしまい、何日かでもレストランの営業ができなくなれば、ゲストに迷惑をかけることになります。そのため、パーク内での飲食はすべてパーク内で提供することにしています。

ある夏、4歳くらいの子どもを連れた主婦から、「子どもにこの牛乳を飲ませたら急に吐いてしまいました。少し飲んでみたのですが、ちょっと変な味がするのですが」という苦情が寄せられたことがあります。

東京ディズニーランドは、ひとつの商品アイテムでも売れる数が多いため、ひとたび食中毒が起これば、大規模な問題になってしまいます。したがって、広がる前にスピーディーに確認し、対応しなければなりません。

そのゲストの申し出の内容を確認すると、当日の午前中にメーカーから大量に納入されたテトラパック牛乳の中のひとつで、そこに0・5ミリくらいの小さなピンホールが開いていて、暑さのために少々おかしくなっていたことがわかりました。

食堂部では、即座に残っているテトラパックの牛乳すべてを回収し、当日配送されたものにもかかわらず、メーカーにすべて引き取らせ、「このような問題がまた起これば、取引を停止します」という強硬な措置をとりました。

東京ディズニーランドには、「メインキッチン」という集中調理施設がありますす。そこでほとんどの調理メニューをプレクッキングし、万全な形で真空パックなどを施しながら、各飲食施設に当日配送するようになっています。万が一、配送されたものが残るようなことがあっても、翌朝にチェックされ、たとえ全然問題のない状態でも、3日目には廃棄処分します。

基本的には食中毒を起こす危険のあるものは納入していませんが、牛乳など一部商品については、メーカーからの直接納入に頼らざるを得ません。そのため、外部から納品された商品については特別な管理を徹底し、小さな問題であっても、責任を明確にするように図っているのです。

東京ディズニーランドはO－157の問題で、当時の厚生省がHACCP（危害分析重要管理点）に対応する具体的な感染予防策を発表する以前から、その内容のほとんどをカバーする対策をとっていたほど、提供する飲食物については細心の注意を払っているのです。

水不足でもパークの水洗いは欠かせない

東京ディズニーランドがオープンして4年目の夏、梅雨の時期にほとんど雨が降らなかったために、千葉県から節水の依頼が来ました。

ディズニーランドは当初から、上水、中水、下水を分けて節水対策を施していましたが、パーク全体ではかなりの水を使用していました。

いちばんの問題は、「毎日が初演」というディズニーランドの基本姿勢を維持するための「夜間におけるパークの水洗い」ができなくなる可能性が出てきたことでした。

いちばん大量に水を使うホージング（パークの水洗い）は、このようなときに槍玉《やりだま》にあげられる対象ですが、テーマ・ショーを守る観点からやめることはできません。

そのため、トイレの水の調整や、植栽などへの散水時間の間隔の調整、レストランの厨房で使用する水の対応、また雨水の利用やゲストへの節水の呼びかけなどを行ない、ホージングは続けたのです。

乳児の置き去り事件が発生⁉

「乳児の置き去りか？」

パークがオープンしてまもないある日、1台のベビーカーに乳児が乗せられたまま放置されていました。

このようなとき、ディズニーランドのマニュアルでは、「何かの都合でその場を離れた保護者がすぐに戻ってくることもあるので、すぐに移動させたりせず、その場である程度時間を過ごし、確認する」というのが第1ステップです。そして、無線を持っているキャスト全員にその内容が強制的に伝えられ、ゲストからの問い合わせにすぐ応えられる態勢をとることになっています。

しかし、そのときは30分待っても1時間待っても親が現れず、担当キャストは次のマニュアルステップに従って、その子どもをベビーセンターに預けました。

3～4時間経ってお昼になり、ディズニーランド側は一時「新手の置き去りではないか」と心配もしましたが、とりあえずベビーセンターのほうで様子を見ることにしました。

その後も、乳児に対する迷子の問い合わせや連絡はなく、クローズ時間近くになって、ようやく親と名乗る若い夫婦が現れたのです。もちろん、乳児は何も知らずにスヤスヤと寝ていて、無事引き取られていきました。

このようなゲストの行動に愕然《がくぜん》とした一方で、「ディズニーランドはそのようなことをしても安心だ」と思われている証拠ではないかとも感じ、複雑な心境になったことを覚えています。

大変！ トイレが水浸しに……

「すぐに来てください。トイレの中が水浸しで大変なんです」

ある日の午後、クリスタルパレスというカフェテリアスタイルの大きなレストランから連絡が入りました。たまたま私が事務所にいたので飛んでいくと、アラブ系と思われるゲストの方々がトイレに10名くらいこもり、満員御礼の状態でした。洗面台で足を洗い、同じ方向を向いてお祈りをしていたのです。

これが宗教にかかわる行為であることはすぐに理解しました。しかし、言葉は通じず、しかもパーク内ではこのような場所くらいしか行なえるところはないので、そのまま継続してもらうしかありませんでした。

トイレはその間「貸し切り状態」だったので、その他のゲストには別のトイレを案内し、お祈りが終わるまで待つしかありません。終わると何事もなかったかのように、そのゲストたちはパークの中に戻っていきました。

こんな経験をしたので、後日イスラムの方々のお祈りについて調べてみると、1日5回、拝礼という重要な儀式を行なわなければならないことがわかりました。足を洗う必要があることもわかり、宗教の異なる人たちへの対応のしかたをひとつストックすることができました。

ウォルト・ディズニーの「すべてのゲストがＶＩＰ」という言葉の内容をあ

らためて思い知らされた出来事です。

ウォルト・ディズニーがいちばん好きだったアトラクション

準社員としての研修を受けたとき、ウォルト・ディズニーがオーディオアニマトロニクスで動く鳥の横で、タクトのようなものを持って話しているビデオを見せられたことがあります。

インストラクターから、「ウォルト・ディズニーがいちばん好きだったアトラクションが、この〝魅惑のチキルーム〟です」という説明があったとき、ウォルト・ディズニーの温かさと、まるで本物の鳥を調教しているようなお茶目さを感じ、それ以来、私自身もいちばん好きなアトラクションになりました。

「魅惑のチキルーム」は、火山が爆発し、雷鳴がとどろいて大雨が降り、それがやむと、「チキの神」の魔法で南国の美しい鳥や花たちが歌い始めるというストーリーのアトラクションです。自然や動植物を愛し、敬虔《けいけん》なクリスチャンだったウォルト・ディズニーの真骨頂が表れているといえるでしょう。

私が東京ディズニーランドを辞めてから2～3年経った真冬、魅惑のチキルームに行きました。

そのとき、あることに気づきました。プレショー・エリア（メインショーに入る前のウエイティング場所）に並び、オウムとインコのプレショーを見ているとき、**キューラインの途中にあるイス代わりのロックウォール（擬似ロック）に腰かけると、お尻がポカポカして温かい**のです。ゲストに寒い思いをさせないための配慮です。以前も冬場に行ったことはありましたが、このようなしかけはありませんでした。

これもまた、ゲストの立場になった取り組みのひとつです。

3 フロリダ・ディズニーワールドでの感動体験

敷地は山手線内の2倍

東京ディズニーランドに在籍中、こんな噂を聞いていたので、自分の目で確かめてみたくなりました。

「アメリカのディズニーワールドは、アナハイムから良いキャストを引き抜いてつくられたので、フロリダのほうがサービスが良い」

「ディズニーワールドは山手線の内側の2倍くらいの広さがあり、3分の1程度は自然のまま残さなければならない。フロリダ州との契約で、人工湖まである」

独立する前に訪れるチャンスはほとんどなかったので、会社を辞めてからすぐに、ウォルト・ディズニーがディズニーランドをつくるきっかけとなったデンマークの「チボリ公園」と、「スワン」と「ドルフィン」のホテルができたあとのディズニーワールドに行ってみました。

洋服のしわに気づいてくれたホテルスタッフ

ホテル「スワン」のスタッフが案内してくれた部屋は、若い人が対象のかわいらしいしつらえの部屋でした。

ベルスタッフが部屋に案内してくれる途中に会ったハウスメイドのスタッフは、「Good afternoon, Sir!」と挨拶をしてくれました。そのスタッフが、私が部屋でバッグの荷解きをしているときにやってきて、**「これを使いますか？」と微笑《ほほえ》みながらアイロンとアイロン台を差し出した**のです。

そのときは長旅だったので、洋服のしわが少々目立ち始めていました。その対応に感謝し、チップを渡そうとポケットから小銭入れを出そうとしたのですが、その間に彼女は立ち去ってしまいました。そのときは、あえて追いかけず、翌日のハウスキーピングをそのスタッフがしてくれるかどうかわかりませんでしたが、枕の下にその分のチップも置いておくことにしました。

翌日、ディズニーワールドを朝から見学して部屋に帰ると、部屋はキレイに掃除がすんでおり、ベッドに入りやすいようにブランケット（毛布）の端を折った、ターンダウンのベッドメイクもきちんとされていました。バスルームの洗面台の上に私物を置きっ放しにしていたのですが、その下にタオルが敷かれており、スリッパは、私が脱いだところにそろえてありました。

それから2泊しましたが、ホテルのルールに従わせる感じではなく、私の宿泊スタイルをフォローするように、毎日のハウスキーピングがされていました。

時間を過ぎているのに無料で入れてくれたキャスト

到着した日は夕方でした。軽く食事をして、ディズニーワールドのチケットブースに着いたのは夜8時を少し回っていました。パークのクローズ（終園時刻）が迫り、あまり時間がないものの、私は翌日のコースの下見をするため、とりあえず入園することにしました。

チケットブース前にはほとんど人影がなく、男性キャストが1人いました。「これからちょっと入りたいのですがよいですか？」と聞くと、彼は笑顔で

「あまり時間はありませんが、よろしいですか？」と逆に聞かれました。

その時点では入園できる時間を過ぎており、当日は夜10時クローズでした。正味2時間くらいでもよいかどうかを聞いてくれたのです。

私はもともとクローズの時間を知っていたので、了承してチケットブースに行こうとすると、「どうぞそのままお入りください」とターンスタイル（ゲストカウント用のバー）横の小さい扉を開け、料金をとらずにパークに入れてくれようとしました。

私はそのとき初めて、自己紹介を行ない、東京ディズニーランドのオープン当初の食堂部の教育担当をしていたことを伝えました。彼は「また明日ゆっくり見てください」と私に笑顔で握手を求めてきました。

パークは10時ぴったりに終了というわけではなく、結果的に、私は最後まで残っていたゲストの1人になってしまい、パークを出たときには11時近くになっていました。

「来てよかった。どこのディズニーでも、このような人間的な温かい歓迎をしてくれる人がいる」

そのとき、私はつくづく感じたものです。

「ペンキ塗りたて」とプールの早朝清掃

その日、部屋に戻るとき、ホテルのあちこちで「WET PAINT（ペンキ塗りたて）」の紙が貼《は》られているところを見ました。

ディズニーランドのパーク内は、ゲストがいない夜のうちにペンキの剥《は》げた部分のリペインティング（ペンキの塗り直し）や清掃を行ない、翌日のパークオープンまでに元どおりにしてゲストを迎えるようにしています。

しかし、24時間営業のホテルではそうはいきません。そこで、ゲストの行動が少なくなる夜中からスタートし、早朝までの間に作業を終えているのです。

また、翌朝の5時半頃、20階近くの部屋から外を見下ろすと、プール横のグリーンを芝刈り機で手入れしているところでした。プールでは、底にたまった砂などをバキュームのようなもので吸い取るため、スタッフがウエットスーツのようなものを着て作業しています。

ディズニーならではの光景を見ながら、ディズニーランドで働いていたことを、あらためて誇りに感じました。

レストランスタッフの粋なサービス

2日目は、朝から夜10時過ぎまでディズニーワールドを歩き回りました。ディズニーワールドには、車いす専用のエリアがしっかりとロープで囲われていたり、植栽の中に隠されていた照明がショーが始まると1メートル以上もせり上がってくるしかけになっていたり、さまざまな方法でゲストを楽しませていることに満足しました。

その夜は10時を過ぎてから、ホテルのレストランで食事をとることにしました。時間が遅かったので入れるレストランがある程度限られる中で、「バー＆グリル」と書かれた「Harry's SAFARI」というレストランに入りました。テーブルを担当してくれた男性スタッフは、私が男1人だったので、メニューをオーダーしたあと、**レストランに置いてある大きなゴリラのぬいぐるみをわざわざ私のテーブルのところに持ってきてくれました。**

その後も、食事中に「楽しんでますか？」と何度も笑顔で確認に来てくれました。

私は、彼が持ってきてくれたゴリラと一緒に写真を撮ってもらい、「記念に、ここのメニューを1冊いただけませんか？」と言うと、彼は笑顔で了承してくれたのです。

第4章

感動のサービスが生まれる「環境」をつくる

1 ゲストが感動する場所を永遠につくり続ける

感動を与え続けるのが企業の使命

ある情報番組で、「有名ホテルが8000円で出す洋食のディナーコース料理を、アイドルタイム（客数の少ない時間帯）にビュッフェスタイルで3500円の食べ放題で提供するサービスをしている」というレポートを見ました。料理をよそう中年女性に、「どうですか、こちらでのお食事は？」と女性レポーターがマイクを向けたところ、「感動です！」との答えが瞬間的に返ってきました。

私は「感動とは期待値を超えること」と定義していますが、これは、このレポートがもとになっています。

どのような業種であっても、お客様に感動してもらい続けることができれば、衰退するようなことはありません。

しかし一般的に、周囲から評価されたり注目されたりするようになると、傲慢になりがちです。そのため、ナンバーワン意識に陥った企業や人などは、徐々に革新よりも保守を求めるようになり、ほとんどが凋落《ちょうらく》していきます。

お客様に感動を与え続けるには、まず企業スタンスとしての理念やポリシーを明確にし、そのコアの部分は変えない一方で、表面の部分は、時代や状況などをリサーチしながらお客様が納得し喜んでくれるものを提供できるように革新していかなければなりません。

完璧な「ハード」と「コミュニケーション」が感動を生む

ディズニーランドは、ウォルト・ディズニーが「パークは一生完成しない」「毎日が初演」と言ったとおり、ゲストが感動する場所を永遠につくり続けることをフィロソフィーとして掲げました。

パーク全体で、常に初心を忘れないようなオペレーションができるシステムを構築したのです。

ひとつは、「キャストがプライドを持ってオペレーションを続けられる職場の環境づくり」です。そして、もうひとつは「楽しみながら仕事をしてくれるスタッフの育成」です。

そのために、「テーマ・ショーを実践するための完璧なハード」と、ゲストとキャストはもちろんのこと、ゲスト同士やキャスト同士も含めた「人と人との完璧なコミュニケーション」による感動の場づくりを目指しました。

ディズニーランドは、こうして試行錯誤を繰り返しながら築き上げてきたノウハウとシステムをストックしてきたのです。それは、今もまだ進化し続けています。

感動を創造し続けるしくみ

ディズニーのフィロソフィー
「パークは一生完成しない」「毎日が初演」

↓

常に初心を忘れないような
オペレーションができるシステム

→キャストがプライドを持ってオペレーションを続けられる職場の環境づくり

→楽しみながら仕事をしてくれるスタッフの育成

↓

❶テーマ・ショーを実践するための完璧なハード

❷人と人との完璧なコミュニケーション

↓

感動が生まれる

Point

感動を創造するしくみは、試行錯誤を繰り返し、どんどん進化させていく

2 完璧なハードへのこだわり

アトラクションやショーには妥協しない

ウォルト・ディズニーは、「人を〝モノ〟で感動させるには、お金をかけ、完璧な状況をつくらなければいけない」と考えていました。

これは、若い頃からアニメ映画の製作を通じて感じとっていたことで、そのために、お金を管理していた兄のロイ・ディズニーをずいぶんと困らせました。しかし、その考え方を実践し続けたことが、ディズニーランドのゲストに感動を与え、リピーターにしたのです。

東京ディズニーランドのアトラクションは、近隣のオフィシャルホテル一軒分の建設コスト以上に費用をかけているものも少なくありません。

また、先ほども述べましたが、現在のオフィシャルホテルは高さが55メートル、12階以下に規制されていますが、当初はホテルを建てるすべての企業が15階以上のプランをディズニーランド側に提示してきました。

しかし、アメリカのディズニー社は、それらの計画を精緻《せいち》な絵でビジュアル化してきて、「テーマ・ショーの維持ができない」ことを理由に、ホテル企業にテーマ・ショーを守るための基準の高さを厳守し、低く建てることを納得させたのです。

オーディオアニマトロニクスによって、まるで本物のように動いているアトラクションの中のロボットも同じように高額なものです。高性能なものは一体で数千万円もし、数体あれば億を超えます。そんなロボットがひとつのアトラクションに数百あるところもあります。

「脇役」にもこだわる

一般のエンターテインメントにとっては「脇役」と思われるようなものにも、ディズニーは徹底的にこだわっています。

植栽は各ランドのテーマ性に合ったものが色や高さ、時期などを考えて植え

るのです。

られています。年間100万株以上のポット（植栽の鉢）が植え替えられています。

3000枚を超えるサイン表示類には、ひとつとして同じものはありません。1枚1枚がプロのスタッフにより、古く見せる「エイジング」などの手法を使って丁寧にデザインされたものを使っています。

もしもテーマ性に合わないような状況になったときには、すぐにリペインティング（塗り直し）などが施されるようになっているのです。

3 完璧なコミュニケーションへのこだわり

ゲストが楽しめる環境をつくるのは「キャスト」

ウォルト・ディズニーが、ゲストに感動してもらうために残したもうひとつのテーマは、ゲストに対する「徹底したコミュニケーション」です。この考えを実現するには、来園したゲストが、安心して楽しめるような環境づくりが必要になります。

それを実行するのはキャストです。キャスト同士が「ディズニー・ファミリー」として、良いコミュニケーションを図り、チームワークがとれるシステムを試行錯誤しながらつくり続けています。

役員と準社員が一緒に食事をする

ウォルト・ディズニーは、言い続けてきました。

「ディズニーランドに遊びに来るお客様はカスタマー（顧客）ではない。ゲスト（招かれた賓客）なんだ」

「ディズニーランドに遊びに来ている人は、単に商売としてのエンターテインメント施設に来ているのではない。家庭に招いた大切なお客様として対応したい」と思っていたのです。

このため、キャストがゲストに会ったときの挨拶は、「いらっしゃいませ！」ではなく、「こんにちは！」と言うことになっています。

これは先ほども述べましたが、単なるビジネスを越え、ゲストとのコミュニケーションをフレンドリーなものにすることを重視しているからです。

しかし、組織に軋轢《あつれき》を抱えていたり、面白くないことがあれば、ゲストに対して心から「こんにちは！」と言うことができなくなってしまうでしょう。

ディズニーランドでは、ゲストとキャストがしっかりとしたコミュニケーションをとれるように、まずキャスト同士が、明るい笑顔で心から挨拶できる環境づくりを目指してきました。

先ほど述べた「職位や社員、準社員、業者などの立場の違いを気にすること

コミュニケーションの本質

Point

ディズニーランドにはコミュニケーションを大事にする伝統やイベントが存在する

なく、〝さん〟づけで呼ぶ」というしくみも環境づくりの一環です。

コミュニケーションにとって重要なのは、単に相手と話すことや、一緒に行動していることではありません。

コミュニケーションの本質は「相手を認めること」。職位や経験、年齢や国籍、宗教などで差別せず、まず自分自身が相手を認めることです。

このスタンスが、相手を1人の「人」として認識させ、その人の良いところを引き出していくのです。

このようなスタンスを大事にしているディズニーランドでは、役員と準社員のキャストが、気軽に一緒に食事ができる従業員食堂や、ちょっと休めるブレイクエリアなどを設けています。

また、準社員も巻き込みながら行なうさまざまな従業員の親睦イベントには、日本企業では考えられないほどフレンドリーな雰囲気で役員なども参加します。

ディズニーランドには、ES（従業員満足）としての従業員同士のコミュニケーションを大事にする文化・伝統が生きているのです。

準社員には「体験」させる

現在、東京ディズニーランドのゲストに対応するキャストの9割くらいは準社員（パート・アルバイト）です。

ピークシーズンなど時期によっては数日しか働かないキャストもいるため、常に募集をかけてトレーニングし続けなければなりません。

たとえ数日しか働かないキャストであっても、テーマ・ショーを完璧にこなせるように教育する必要があります。中途半端なオペレーションでパークに出すわけにはいかないのです。

基本的には、準社員に対しても、ある程度時間をかけて理解してもらうために、最初に「体験」を取り入れた研修をしています。つまり、「五感を使わせながら心に訴える」研修を徹底して実施するのです。

準社員の研修は、ほとんど毎日のように行なわれていますが、常にインストラクターは、受講者である準社員が研修室に来る前から、その部屋でスタンバイしています。そして、参加するキャスト一人ひとりを「笑顔とアイコンタクト、そして明るい挨拶」で迎えるところからスタートします。

研修の中で、ゲストに対して挨拶をしなければならないことを口頭で教える前に、アトラクションなどのコスチュームを着た先輩キャストのインストラクターが、まず手本を見せる形で挨拶の「体験」をさせるのです。

これ自体が新人キャストに感動を与えることになります。テキストなどの文章を読んだりするより、実際に体験するほうが若いキャストにとってはより大きな動機づけとなり、行動がしやすくなるのです。

この準社員研修でいちばん重要なことは、〝作業的な〟オペレーションをするキャストをつくり上げるのではなく、試行錯誤を重ね、その場面やゲスト一人ひとりの状況などをケアしながら、「良いサービス」を行なえるキャストを育てることです。

つまり、ウォルト・ディズニーの「すべてのゲストがVIP」という考えを、頭ではなく、短期間のうちに心で理解させ、実行できるようにさせることなのです。教えた内容を体験によって確認させれば理解が深まります。それをベースにすれば、準社員でも作業的ではない、より考えたオペレーションがで

人を育てるには「体験」が効果的

準社員に対する研修

↓

見本を見せて「体験」させる

インストラクターは、

笑顔
アイコンタクト
明るい挨拶

でキャストを迎える

五感に訴える

↓

感動
動機づけ
理解の促進

Point

「体験」させれば、短期間のうちに心で理解できる

きるようになるのです。

教えるにはビジュアル化が効果的

一般に若い人たちを「やる気がない」「意識が低い」などと敬遠してしまう傾向が強いようです。私も若いときは、どのように生きていくかよりも、生きることそのものに精一杯で、人生や仕事などを深く考える余裕もなく、目標なども明確ではありませんでした。

しかし、その状況を変えてくれたのが、28歳のときに入ったアメリカのステーキハウスのフランチャイズチェーンです。そこで、厳しいながらも尊敬できる上司にめぐり会えたのは幸運なことだと思っています。

現在は情報化が進展し、情報が氾濫《はんらん》している分、今の若い人たちが自分のやりたいことを絞り込むのは、昔以上に大変だと思います。

しかし、ディズニーランドの準社員研修に参加する多くのスタッフは、しっかりした考えを持っている人が多いのです。その根底には、「もともとディズニーの世界が好き」ということがあるでしょう。また、日頃からゲストとして働くキャストの姿を見慣れていることも大きいと思います。つまり、「ビジュアル化」された形で研修に入るため、自然と意識が高くなるのです。

先述しましたが、研修で教えられる「グッドショー・バッドショー」は、善悪の判断基準があいまいになっている若い人たちに、ディズニーランドの基準を明確に、そして具体的に教える重要なものです。それらの基準はプロジェクターやスライドなど、視聴覚教材を使用して教えます。

購買心理には、ＡＩＤＭＡ（アイドマ）の法則のとおり、５段階あります。お客様が「購買行動」に走るいちばん最初の段階はアテンション（Attention：注意）で、行動までの60％程度を第一印象で決めてしまうといわれています。また、五感の中でいちばん利用度が高いものは視覚で、90％以上といわれています。

そして、記憶に残す教育方法として有効なのは、

- 読む……約10％
- 聞く……約20％

- 見る……約30%
- 見ながら聞く……約50%

という順番で記憶のインパクトが大きくなり、パーセンテージも高くなります。これ以上記憶に残すには、

- 話す……約70%
- 話しながら行なう……約90%

という方法をとる必要があります。

こうしたビジュアル化（視覚化）や「話す」という方法は、人事教育部門の研修後に実施する「ディビジョン・オリエンテーション（部門方針の教育・訓練）」や「ロケーション・トレーニング（職場や店舗最前線での訓練）」などの段階で取り入れており、徐々に現場のオペレーションに近づけていきます。

実体験を重視する「パークツアー」

パークツアーは、研修センターで教えた内容を、パーク内でゲストの視点になって体験させる方法です。

記憶させるには「見る」「話す」が有効

記憶のインパクトの比較

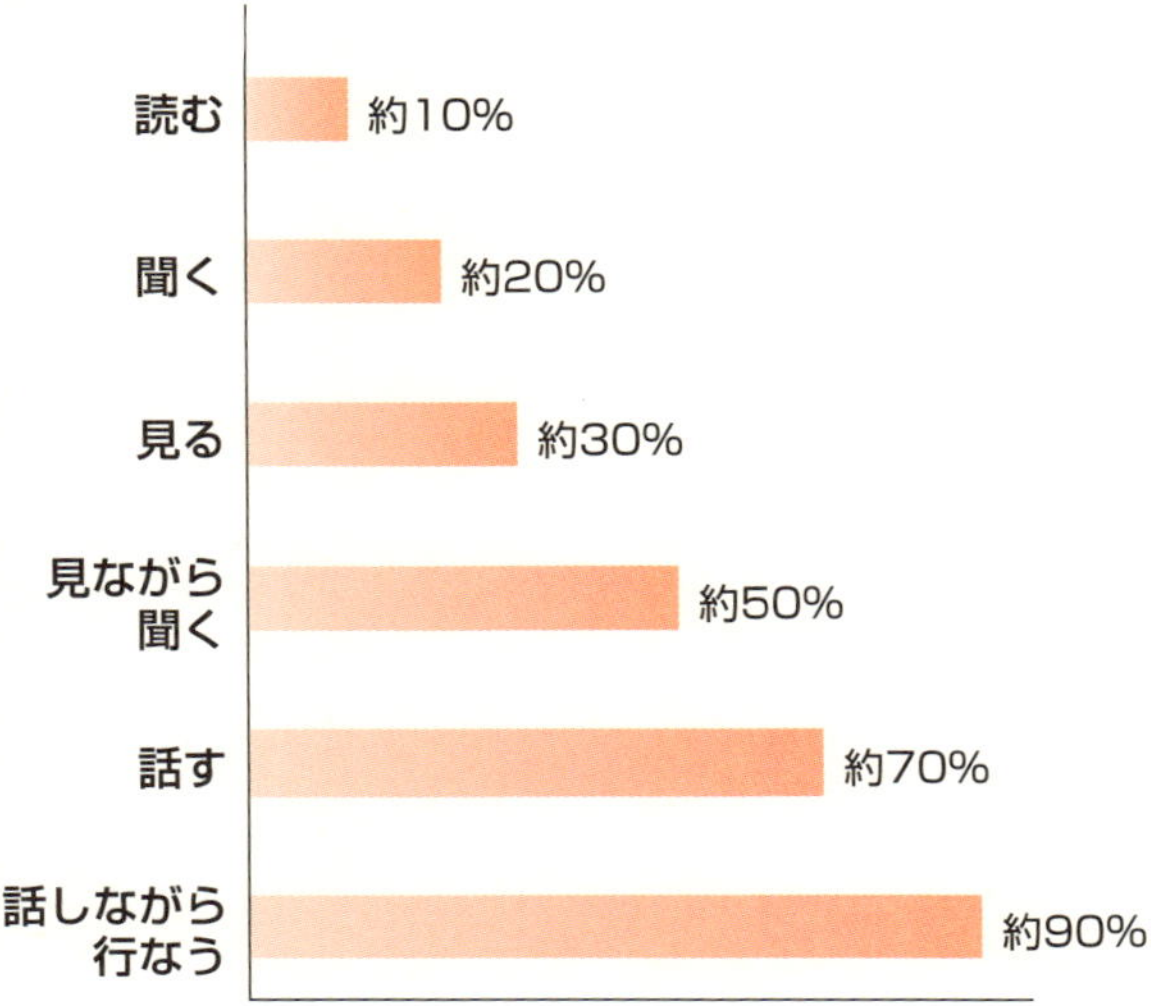

Point

「ビジュアル化」はディズニーランドの研修でも取り入れられている

インストラクターが受講者を数人ずつコーディネートしてオンステージを回ります。テキストなどを使いながら教えるOff・J・T（Off the Job Training：トレーニング内容を座学で教えること）だけでは理解できない部分を、臨場感を高めた中で「実体験」させ、五感を使いながら考えさせる訓練です。

日本には、新人であっても基本的なことを教えず、安易に自分で考えさせるような会社が多くあります。仮に教えたとしても、最終的にはその人の「資質的」な問題として処理してしまう企業も少なくありません。そのため、新人スタッフのレベルが標準化されにくいのです。

このような方法は、一定の職位や年齢以上であったり、キャリアが長かったりする場合は良いのですが、若くて準備度や経験度が低い場合には、まず「現場を見せ、体験させること」が重要になります。

まずスタートラインに立たせ、そこから「イメージ」させるようにしなければ、スタンダード・オペレーションを守りながらそれ以上のサービスを提供できるようなスタッフには育ちません。

掃除にはディズニーのすべてが凝縮されている

準社員も定期採用社員も、はじめに実施される研修は「魔法の薬」ともいえる「ディズニー・フィロソフィー」のインプリンティング（刷り込み）です。オンステージでゲストに夢と希望を持ち続けてもらうため、キャストとして受け継がなければならない「DNA」の株分けをしていかなければなりません。その原点となる実習方法が、パークの掃除、つまりカストーディアルの体験なのです。

定期採用社員研修は4月の初めから、ゴールデンウイーク明けくらいまで約40日間実施します。準社員研修と同じように、研修の最初の段階でディズニー・フィロソフィーなどのコアな考え方を教えます。

そして、パークの掃除をして「体験実習」を行なうのです。理由は、「パークの掃除に、ディズニーランドのすべてが凝縮されているから」です。

つまり、第1章で紹介した「ファミリー・エンターテインメント」「パークは一生完成しない」「非日常の場所」「毎日が初演」「すべてのゲストがVIP」

「SCSE」といった哲学を、OJT（On the Job Training：現場での実地訓練）によりオンステージ上で実体験させるのです。

掃除をしている姿をゲストに見せることで、ゲストに感動してもらえるような、キャストとしての完璧な「演技」を身につけていきます。

ゲストのために、赤ちゃんがハイハイしても大丈夫なくらいまでパークの床を完璧に掃除をし、施設をピカピカになるまで磨き上げます。ペンキの剝げ落ちている箇所や電球切れなどに気づいたら、担当者に連絡をして交換してもらいます。

パーク内にいるキャストは、毎日多くのゲストからいろいろな質問を受けます。

「トイレはどこですか？」
「ゆっくりと食事ができるところはどこですか？」
「次のパレードは何時からですか？」
「ミッキーマウスのぬいぐるみはどこで売っていますか？」

掃除にディズニーのすべてが凝縮されている

掃除（カストーディアル）

ファミリー・エンターテインメント
パークは一生完成しない
非日常の場所

毎日が初演
すべてのゲストがVIP
SCSE

↓

オンステージで掃除をすれば、ディズニーの大事な哲学をすべて学べる

Point

ディズニーランドの社員研修も掃除の「体験学習」が原点

こうした質問に対して、どんな新人キャストでもすべてのゲストに対して同じようなスタンスで対応できなければなりません。そのためにはパークのことは「すべて」知っている必要があるのです。

質問に答えられない場合は、すぐに調べて対応させます。オペレーションが「SCSE」から逸脱していないか、また、その時点で対処した以上の良い方法はなかったかということを、常に考えながら仕事をさせます。つまり、体験を通して理解させ、訓練していくのです。

掃除を通じて本質的な格好良さを学ぶ

ディズニーランドは、「人をもてなすのはプロの仕事」と教えています。

ゲストをもてなすことに「プロフェッショナル」でありたいという気持ちを持ち続けていなければ、ゲストの感動を呼ぶ良いサービスなどできるはずがありません。仕事中に、突発的に起こったトラブルであっても、当然のこととして真摯に、礼儀正しく対応できるスタンスを持っていなければ、感動を呼ぶようなオペレーションはできないのです。

東京ディズニーランドができるまでの日本のエンターテインメント業界の風土は、現在とはまったく違うものでした。誤解を恐れずにいえば、テーマパークなどのスタッフは、あまり自慢できるような仕事とは考えられていませんでした。

しかし、ディズニーランドがオープンしてからは、逆に憧れすら抱かれるようになりました。とはいえ、ディズニーランドで働くことは、外見から感じられるほど、格好良いことばかりではありませんし、決して簡単にできるものでもありません。

ディズニーランドができる前の業界では、お客様が並んで待っているのを当然と考えていました。そのようなお客様に対して、感謝の気持ちもなく、当然のように「あしらって」いたのです。これではお客様が感動してくれるはずがありません。

本当の格好良さの裏には、日頃の鍛錬と努力、そして葛藤《かっとう》などが隠されています。表面的な憧れだけではなく、その本質を理解させるために、カストーディアルの仕事を徹底して体験させるのです。

たとえ配属先がパーク内の現業部門でなく、本社などの部署であっても、社員である以上、パーク全体を理解させておかなければなりません。将来、他の部門に異動するにしても、入社当初から理解させておくことは重要だと考えているのです。だから、正式な配属は、この研修のあとになるのです。

日本企業の中には、社員研修などに掃除を取り入れているところもあります。しかし、現実には目的や理由づけがはっきりとしておらず、「俺たちだって同じようなことをやってきたんだよ。余計なことを考えずに言われたことをやっていればいいんだ」といった説明しか上司ができないような会社が数多くあります。

これでは名ばかりの研修になってしまい、受講者たちは「新入社員に対するいじめ」くらいにしか受け止めない危険すらあります。かえって仕事に対する意識を下げてしまいかねません。

なお、社員の研修時のパークツアーは、準社員の研修よりも長い時間をかけて行なわれます。社員は準社員よりもディズニーランド全体を早く把握しなければならないからです。

また、社員には勤務年数が長くなったり職位がアップしたりしたときに、「パークウォークスルー」というディズニーランド独特の研修も実施されています。これは、パークの現場を責任者とキャストが一緒に歩き、問題点を共有しながら解決していくものです。

一般に、職位が上がったり、幹部になったりすると、現場を離れることが多く、現場の問題にうとくなっていきます。

ディズニーランドでは、たとえば役員は各部門のトップと、各部門のトップは現場担当責任者と一緒にオンステージを歩きます。つまり、現場のキャストと同じ目線で状況把握できるようになっているのです。

キャストの独り立ちまで面倒を見る「リード制度」

立派な企業理念やビジョンなどを額縁に収め、朝礼などで唱和しているような会社は数多くあります。しかし、その内容が組織の末端まで浸透し、ビジネスの中で具体的な形となって十分に活用されているところはさほど多くないように思います。

理念やフィロソフィーなどは、従業員の仕事の中で活かされて初めて意味を持つということはいうまでもありません。

日本企業の中には、理念やポリシーを「観念的なもので意味がない」と考えるところが少なくありません。職位が高い社員を対象に研修を行なうと、「そんなことより、具体的な内容をお願いします」と言ってくる組織が多いのが現状です。

企業の研修は、新人や若いときから、まず企業の「コア」となる理念やビジョンをわかりやすい方法で理解させると同時に、標準となるオペレーションの具体的な内容を示さなければなりません。

つまり、どんな職位のスタッフであっても、まずは「スキルよりウィル（意志）」を植えつけなければいけないのです。そのためには「なぜ、そこまでのサービスをするのか」「そのサービスの本質的な意味は何か」などを明確にする必要があります。

しかし、過去の仕事のやり方に慣れてしまった日本企業の幹部の中には、企業理念やポリシーをベースにしながら、フレキシブルに部下やスタッフに教えていくクセがついていない人が多くいます。

東京ディズニーランドでは、オープン当初、約１万人弱の準社員を、３カ月弱の期間で、完璧なオペレーションができるように育てなければなりませんでした。そのため、徹底したトレーニングを短期間で実施したのです。

しかし、当初の食堂部は、ディズニーランドの全部門の中でいちばん多くの準社員を必要としていたにもかかわらず、教育担当は２～３人の小所帯でした。そのため、自転車操業のような状態で研修を繰り返しました。人事部ユニバシティ課の研修を終了したキャストをまず「受け入れ」、次に食堂部の研修を施し、終了後に現場ロケーションの研修担当者に「受け渡し」を行なったのです。

人手が完全に足りている部署はなかったので、周囲のことを気にかけている余裕などなく、まずは自分の部署を固めるしかありませんでした。

このようなバタバタとした状況の中で瞬《また》く間に２年が過ぎました。ディズニーランドのオペレーション全体がある程度落ち着いて動く状況になり、客観的に仕事を見ることができるようになったときに初めて、「リード制度」の重要性に気づきました。

「リード」とは、多くの準社員にスタンダード・オペレーションを教えながら、現場でフォローする職責を担っていた人たちで、その多くが当時の新卒社員でした。年齢はほとんど準社員と変わらなかったので、コミュニケーションがとりやすく、準社員は楽しみながら違和感を持つことなく仕事を進められました。リードの新卒社員たちは隠れたヒーローでした（現在、リード制度は「スーパーバイザー」などの職位が担っている。運営本部はワーキングリード）。

ディズニーランドの教育に対するスタンスは、注意や叱ることより、褒めたりフォローすることを基本にしています。

準社員と同世代である先輩キャストが、このようなスタンスで「コーチング」したことが、ディズニーランドの成功の大きな要因となった「ホスピタリティサービス」を定着させたといえます。準社員たちが、先輩社員につき従いながら、新人のときから一緒に「体験」することができたからです。

コーチングで人を育てる

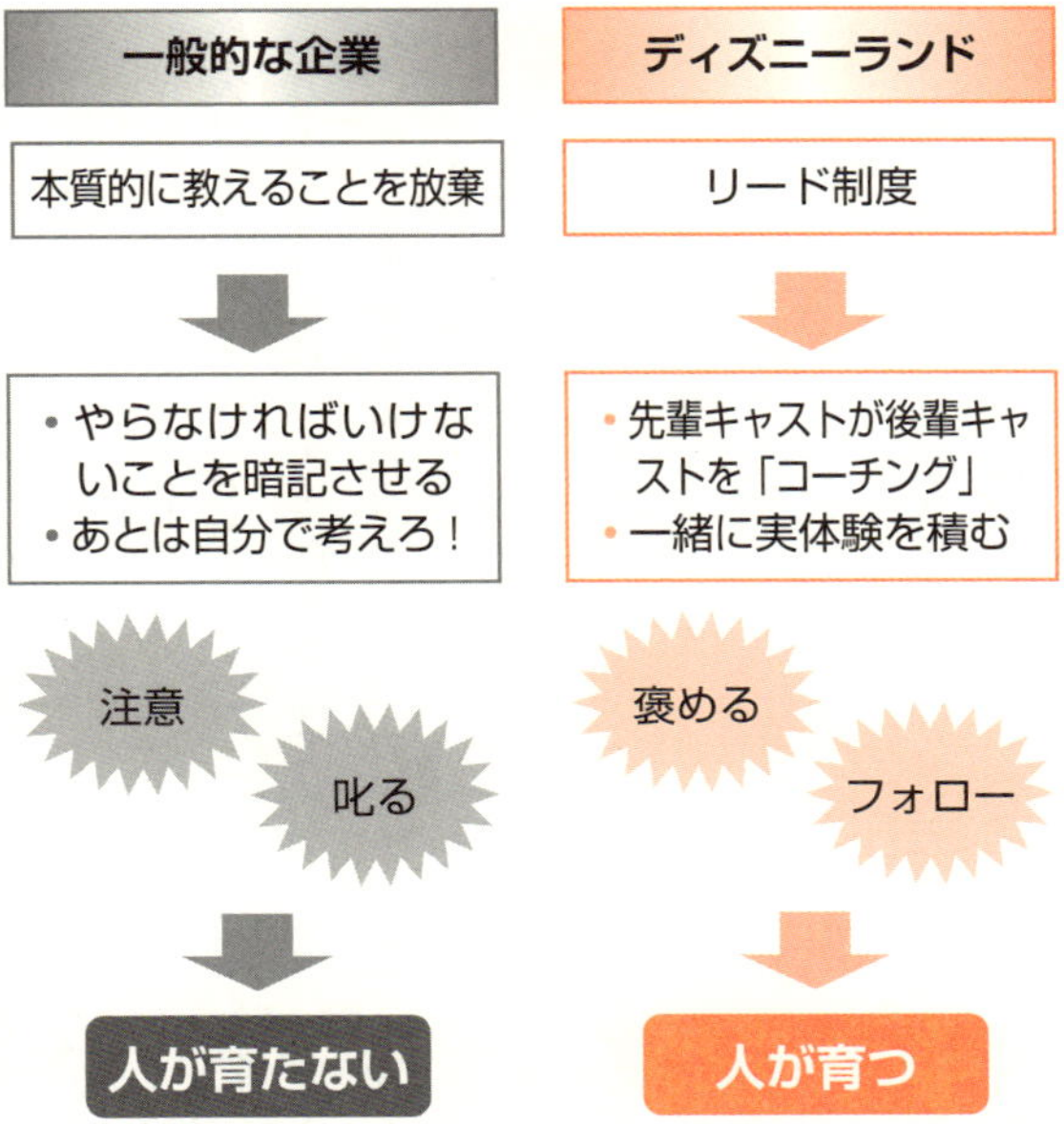

Point

先輩キャストのコーチングを通じて、ディズニーの哲学を伝えていく

しかし、日本の多くの一般企業では、新人スタッフがやらなければならない項目を羅列し、学校のように「暗記」させる方法をとっています。「あとは自分で考えろ」とばかりに、「本質的に」教える努力を放棄しているのです。そして、新人が失敗すれば、「何でできないんだ!」と厳しく叱りつけます。

つまり、新人スタッフを教える責任がある先輩や上司に「ホスピタリティ精神」が希薄なため、実質的には自分たちの「コーチング」の責任を放棄しているのが現状といえます。最終的には人が育たない状況をつくり、自らの首を絞めているのです。

新人スタッフは「初心」という自然な緊張感を持っているので、そのときに教えられたことに大きな影響を受けます。「コンラッド・ローレンツの定理」のとおり、「生まれたての動物」が、最初に目にしたものについていくのと同じような状態になるのです。

若い新人たちを教えるには、まず誰もが同じようにできる確固とした教材や方法を用意しなければなりません。これがないと、新人はそれぞれに「自分のレベルで解釈」してしまいます。その結果、具体的に教えていないにもかかわらず、できなければ評価せず、できると極端に任せてしまうという構造をつくってしまっているのです。

お客様の感動を呼ぶような仕事は、リスクを負いながら対応することからしか生まれません。小利口で表面的なやり方からは、決して生まれないのです。

東京ディズニーランドの「リード制度」は、アメリカのディズニーランドで「ディズニー・トレーナー制度」と呼ばれていたもので、ゲストに直接対応するキャストが完全に独り立ちできるまで、「コーチング」しながらフォローする制度です。

リード制度は、まさに「ディズニー・ファミリー」である先輩キャストが、メンターとして後輩キャストの面倒を見続けるという〝ブラザー&シスター〟の考え方を体現すると同時にディズニー・フィロソフィーのＤＮＡを「実体験」させながら伝えていくという、大きな役割を担っているのです。

4 マニュアルは必要だが、「すべて」ではない

キャストが考えた方法がマニュアル化されることも

東京ディズニーランドは、オープン前から「マニュアル至上主義では日本のお客様は呼べないだろう。早晩、他の遊園地と同じように落ち込むだろう」といわれていました。辛口の批評家など多くの人々からは「数年でお客様は飽きる」などと予想されていたものです。

ディズニーランドのマニュアルに対する考え方は、「キャストに画一化したサービスをさせるためのオペレーション方法を規定しているもの」ではありません。一人ひとりのキャストがその時点でいちばん良いと考える方法を標準としているのです。

したがって、「単にマニュアルどおり行なっていれば良い」というものではありません。マニュアルに規定されていることをしっかりと守りながらも、場

マニュアルを真似ることから
スタートする

新人キャスト

マニュアルに書いてあることを真似る

↓

オンステージで「実体験」を積む

↓

体験したものを追加、修正、訂正

↓

オペレーション能力が高まっていく

Point

マニュアルは絶対に必要なものだが、
永遠にそのまま守らせるものでもない

面に応じた状況判断が求められます。ゲスト一人ひとりに合わせた最適な対応方法を付け足すことが求められているのです。

もしキャストが考え出した方法が、マニュアルに書いてあるもの以上にすぐれていると判断されれば、アメリカのディズニー本社に送り、承認を得てからマニュアルに載せることができるシステムになっています。

守るべきことは徹底して守る

ディズニーランドでは、新人はマニュアルに書かれている内容をまず真似ることによって「実体験」をします。その後、徐々に現場でのオペレーションを通じて「体験」したものを追加、修正、訂正などを繰り返し、各人のオペレーション能力を高めていくようになっています。つまり、先駆的な方法を考え出せるような素地をつくるのが第一なのです。

サービスが良いといわれている、ある有名な食品販売企業のトップは、「うちにはマニュアルはありません。マニュアルは個性を奪ってしまうので、サービスにはなりません」と言っていました。

お客様がそのサービスを評価しているのであれば、それはそれでよいでしょう。私もそのお店の商品が好きなので、ときどき買い物に出かけます。たしかにスタッフの方々も仕事をきちんとこなしています。しかし、「笑顔がない」のです。強制的に働かされているロボットのような印象を受けました。

このような態度でお客様に接しているのは、厳しくしつけられていることの表れです。若い人は何もわからずに「その方法が良い」と思って耐えています。役付きの社員や幹部などはトップに逆らえないタイプで、中堅のできる人たちが徐々に抜けてしまっているようです。

つまり、このような企業や組織はカリスマ性や個性の強いトップによって「統制」される環境になっているため、トップがある意味「生きたマニュアル」になってしまっているのです。したがって、「マニュアルはいらない」と勘違いしているのだと思います。

しかし、**マニュアルは基本的なことを教えるための「教科書」として、必要なものです。**マニュアルがなくなれば、企業標準としてのレベルを守ることがむずかしくなり、いっぺんに、たがが緩んでしまいます。

前述したように、マニュアルとは、「技能を技術化するもの」です。マニュアル化とは、「その時点におけるいちばん良いサービスレベルや能力を持っている人が行なっていることを標準化し、他のスタッフが同じようにできるようにすること」と言うことができます。

決して一度つくり上げたものを金科玉条のごとく永遠に守らせるものでも、それ以上のことを考えなくても良い、というものでもないのです。

仕事ができる人ほど「いろいろなことを理解しながらも、ファジーな状態で行なっている」もので、ディズニーランドは、守るべきものをはっきり具体的に示しながら、各人の能力を活かして磨く環境をつくっているのです。

5 ディズニーのDNAを刷り込む教育

研修を担当した「ユニバシティ課」

企業の最大の使命を簡単に定義すれば、「従業員を社会人として立派に育てながら、適正利潤を生み出し、社会に貢献し続けること」といえます。経営は、それを継続するための実践作業です。そのため、ビジョナリー・カンパニーといわれるような企業には、必ずその企業が独自で教育を行なえるアカデミーやユニバシティのような学校が設置されています。

たとえ、最初はどこかの企業のモノマネで成功しても、その後は自ら試行錯誤しながら進んでいくだけのエネルギーが組織の中になければ、経営を続けていくことはできません。

ましてや業界トップを走っている企業であれば、その時点で真似をする対象がないので、独自に考えていかなければなりません。

そのような状況では、「旗手」がいなくなっても、その代わりが務められる人づくりをすることが最大のテーマになります。つまり、企業のDNAをインプリンティング（刷り込み）させていく必要があるのです。

「教育とは気づきなり。知識や技術などを詰め込むことにあらず」です。

教育では、本来「考えながら即行動に移すこと」が求められています。ため込むばかりで、実際の行動をともなわなければ教育の意味はありません。

したがって、仕事をしながら気づいたことを積み重ね、それを有効利用できる環境をつくっていく組織が必要になります。アカデミーやユニバシティ、教育訓練部門などは、そのような大きな使命を持っている組織といえるでしょう。

教えられた内容をすぐに実践できるような環境をつくらなければ教育の意味はありません。ただ単に教えているだけでは、本質的な教育環境をつくっているとはいえないのです。

職場の中に、部下や後輩の手本になるような上司がいれば、それだけで最高の教育環境になります。最終的に、そのような上司をつくることが、アカデミーなどのいちばんの大きな使命なのです。

東京ディズニーランドには、当初「ユニバシティ課」があり、そこで準社員から幹部社員までの研修を担当し、同時にマニュアルなどの調整を行なっていました。

私は、それまでにいくつかの企業で働き、正社員の研修を受けていましたが、東京ディズニーランドでは準社員の研修から受けました。そのときに、キャスト一人ひとりを、まるでアコヤ貝に核を埋め込んで真珠をつくるようなスタイルで研修することに感銘を受けました。それまでの企業とはまったく違う従業員に対するスタンスを感じたのです。

ホスピタリティの実践を教える「コーテシークラス」

一般に、企業のコアとなる理念やビジョン、ポリシー、コンセプトなどは抽象的な表現になるため、それを従業員に伝え、仕事の中で具体的な形に落とし込むには相当な努力が必要となります。ましてや、ディズニーランドのように万人受けするような施設を、若い準社員のキャストが中心になって運営している場合は、よりむずかしいでしょう。

東京ディズニーランドでは「ホスピタリティサービス」を実践する意識をキャストに植えつけるため、さまざまなシステムを開発しています。

新人キャスト全員に、まずホスピタリティサービスの内容を直接指導しているのが、ユニバシティ課で行なっていた「コーテシークラス」です。

「すべてのゲストがＶＩＰ」というディズニーランドのフィロソフィーをパーク上で具現化することがゲストの感動につながります。こうして感動させ続けることが、リピーターを増やす大きな要因となるのです。

どんなに施設やアトラクションが良くても、それだけではゲストは飽きてしまいます。**ゲストを感動させ、最終的にファンにするのは、従業員の対応です。**

決して表面的なゲスト受けする対応をするのではなく、ゲストを常にケアし続け、細かいところに気づき、ゲストに余計な気遣いをさせることなくスムーズに対応を図ることです。これは断じて、ゲストに対して「サーバント（召使い）」のように対応するという意味ではありません。

コーテシークラスでは、「ゲストが感動するサービスとはどのようなことなのか」という基本的なことをまず教えます。そのうえで、パークウオークスルー（パーク全体を確認しながら歩く）などを通じて「体験」させながら教育していくのです。

ゲストに本当のホスピタリティサービスを感じてもらうためには、若い準社員のキャストに自信のないことを無理やりさせてもダメです。場合によっては、フィロソフィー（哲学）から逸脱した行為をさせることにもなってしまいます。

「あんなふうにすればいいんだ」と気づかせるようなサンプルをたくさん見せることが重要です。そのサンプルを良い意味で「拡大解釈」させることで、場面やゲストに応じたホスピタリティサービスができるようになります。

したがって、万が一、上司や先輩、また組織が「マイナスのサンプル」になっていれば若い人たちは簡単に悪い色に染まるのです。

理論的なものは、何も知らない最初の時点から教える必要がありますが、理論だけでビジネスがスムーズにいくことはありません。

ディズニーランドは新人キャストの段階から、ゲストとキャストの現場の状況を自分の目でつぶさに確認させ、ホスピタリティサービスを常に意識させているのです。そして、その意識レベルを高め続けることが、よりレベルの高いホスピタリティサービスにつながることを教えるのです。

こうした意味から、コーテシークラスは、「理論」と「現場での検証」のバランスを重視しています。

良いサンプルを見せるのが大事

× 悪いサンプル

- しかめ面
- だらしのない格好　など

↓

拡大解釈

↓

後輩キャストもホスピタリティサービスが身につかない

○ 良いサンプル

- 明るい笑顔
- 清潔感のある格好　など

↓

拡大解釈

↓

後輩キャストもホスピタリティサービスができるようになる

Point

後輩が育つかどうかは、上司や先輩次第

6 ディズニー流クレームマネジメント

事業規模が大きいほどクレーム対応が重要

インターネットなどにより情報化が進むと、人々は多くの情報を瞬時に手にすることができるので、「ストック効果」（お客様のサービスなどに対する知識や経験が豊富になることで、サービスの差に気づきやすくなること）が高まり、自己主張を強めるようになります。それに比例して、商品やサービスなどに対するクレームが問題になります。

どんなに完全な状態を目指しても、完璧なものなどありません。場合によっては企業側から「リコール」を行なわなければならないこともあります。

「クレームマネジメント」の先進国であるアメリカでは、人種のるつぼといわれるように、多くの人種が混在しており、言語や習慣、風習なども違います。そのため、自分を主張することが重要で、それができなければ生活していくことが苦しくなるのです。したがって、企業はちょっとしたミスや欠陥などでも訴訟などに持ち込まれることが少なくないため、企業イメージや売上を短期間で落とし、存続さえ危うくなる企業も出てきています。

したがって企業としては、そのような状況を事前に捉え、対応しなければなりません。クレームが出る前に予想されるクレームをピックアップし、顧客満足度を高め、お客様のリピーター化を図るのが「クレームマネジメント」です。

日本では、村社会の中で「あまり細かいことは言わない」のが当たり前でした。少々非難めいたことを言うものなら「村社会を乱す」「大人げない」など逆に非難され、周囲から相手にされないような環境が長く続いてきました。

そのようなこともあり、主張はできるだけ控える風潮が良しとされ、「クレームマネジメント」のような考え方をあまり意識しなくても良かったのです。

しかし、情報のグローバル化や個人主義的な考え方の広がりなどにより、現在では日本でもクレーム対応を重視する考え方が、企業や消費者の間で当たり前になっています。

ディズニーランドは多くの人々に「夢と希望」を与えるエンターテインメントパークを営業しているため、一般の企業に比べて、格段に企業イメージが重要になります。それが「クレームマネジメント」を早くから実施した理由でもあります。

事業規模が大きければ大きいほど、万が一クレームが生じると、補償額なども多額になるので、「クレームマネジメント」は重要になります。

したがって、「もうこれ以上のものはない」、あるいは「これ以上の想定はできない」などと社内で考えられていることを徹底的に見直し、「クレームマネジメントは、お客様や従業員にとって、より良い状況をつくり、それが企業の成長拡大にも重要だ」という考え方をスタッフ全員が共有することが必要になるのです。

クレームマネジメントの考え方

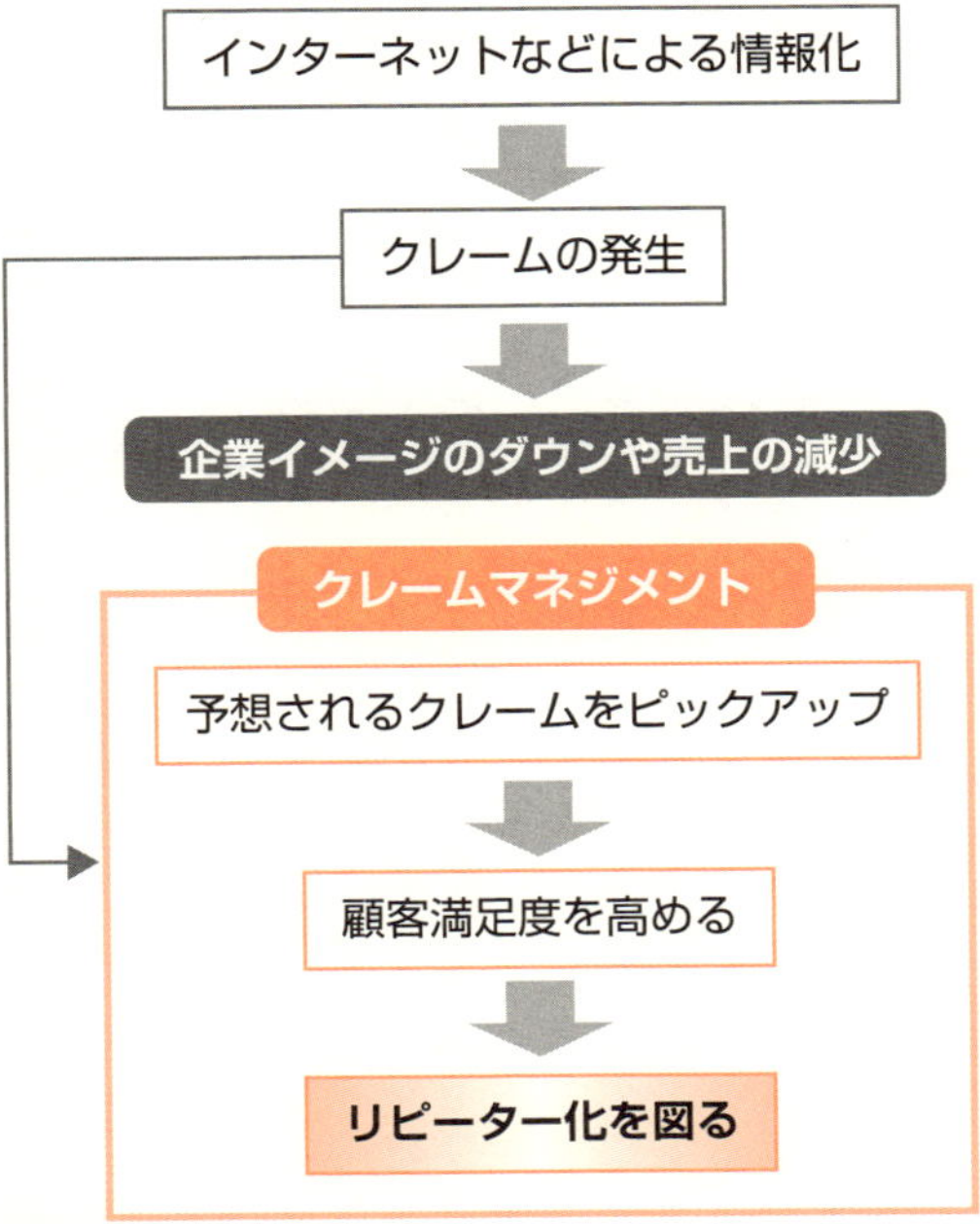

Point

事業規模が大きくなるほど、クレームマネジメントは重要になる

たったひとつのクレームがイメージダウンになる

企業は「クレームマネジメント」によって、お客様からの信頼を獲得し続けなければなりません。

サービスには連続性が求められます。東京ディズニーランドの場合、他の業種の施設と違って、ゲストの滞在時間はかなり長いので、ゲストのクレームにつながるようなことがひとつでも起これば、パーク全体のイメージダウンにつながります。

イメージが重要なディズニーランドにとって、クレームが起きるような状況が頻発するのは死活問題です。したがって、パークのどこの場所であっても、また、どのキャストであっても、一人ひとりがクレームの出る可能性のあるシーズ（種）を事前に摘《つ》み取り、決してクレームが出ないようにしておかなければ、ホスピタリティサービスどころではありません。つまり、**ディズニーランドは、CS（顧客満足）への完璧な対応が、常に求められている**と考えているのです。

東京ディズニーランドは、オープン前に大規模なフィージビリティースタディー（実行可能性の研究調査）を実施し、オープンした年の7月、8月には、8日間のIE（Industrial Engineering：生産管理手法のひとつ）調査を、アメリカのディズニーランドの専門担当者を招いて実施しています。

このときのIE調査は、ディズニーランドが掲げる大切な「4つの経営理念」の中の3つ「SCS（安全性、礼儀正しさ、ショー）」をオペレーションが守っているか、そして、4つ目のE（効率）がゲストにとって高いレベルで維持できているかを調査するものでした。

当時、食堂部の教育担当をしていた私は、各店舗におけるピーク時の「最大収容可能ゲスト数」に対する「実質ゲスト数」（満席率）、お客様の待ち時間、キューラインの状況、グループの平均人数、店舗内の平均滞在時間などを調べました。

その結果にもとづき、レストランの業種・業態バランスや座席の不足解消、あるいは将来、必要とされるレストラン店舗とその場所などの対策を施しました。

この調査は、その他の運営部や商品部、ゼネラルサービス部などを中心に、ディズニーランドの全体で実施されています。こんな大変なことをオープンした年の夏の繁忙期に実施していたのです。

パーク全体の改善を続ける「SQC」

その後も、このような調査は継続して実施されています。

たとえば、入口でアンケート調査などを実施して、来園しているゲストに対するCSの向上を図っています。さらに、**整備部の中にSQC（Show Quality Center）という専門部署を設け、ゲストとキャストのより良い環境づくりのための活動を続けています。**

前述した「魅惑のチキルーム」のプレショー・エリアのお尻が温かくなるロック・ウォール（擬似ロック）は、この部署でつくったものです。暖かい気候のサンフランシスコやフロリダにはないものです。日本のスタッフが、冬場の寒い中で待っているゲストのことを考えながら準備した温度調節機能付きのイスで、アメリカのスタッフからも感心されました。

お客様に対して、違和感を与えないような完璧な状況を目指すことが、企業の姿勢として重要です。そのための画期的な方法があるわけではありません。特効薬や王道などはひとつもないのです。状況などを考えながら一つひとつ地道に実施していくことが、企業の成功や成長、そして業績の向上につながります。

SQCは現在SQSに替わっていますが、アトラクション施設だけではなく、パーク全体の改善を絶え間なく続けています。ディズニーランドのテーマ・ショーを支える裏方として、キャストがゲストへホスピタリティを発揮できる環境をつくり続けているのです。

クレームは事業拡大のチャンス

企業がクレームに対して前向きに、そして前もって取り組んだとき、**「クレーム＝苦情」ではなくなり、お客様に満足してもらうための重要な「情報」になります。**

つまり、「苦情処理」ではなく「情報処理」になるのです。その中に企業拡大や成長のシーズ（種）が潜んでおり、事業の多角化、競合他社との差別化、また新商品や新サービスの企画開発につながるのです。

東京ディズニーランドにはゲストからの手紙が年間5000通くらい届くと述べました。その3分の1くらいは感謝やお礼のお手紙ですが、残りの3分の2くらいはクレームです。

ディズニーランドでは、クレームに積極的に対応し、CSを高めることが必要だと考え、クレームはキャストの教材として使用されています。

「ジョン・グッドマンの法則」というものがあります。

お客様が普通に商品やサービスを利用して何も問題を感じない状況では、一般的にその10％程度しかリピートしません。しかし、**クレームを言ってきたお客様に対して真摯な対応をした場合、お客様の65％は再び商品やサービスを利用してくれる**というものです。

つまり、お客様がクレーム対応に納得した場合、リピーターになる率が極端に高くなるのです。

ジョン・グッドマンの法則

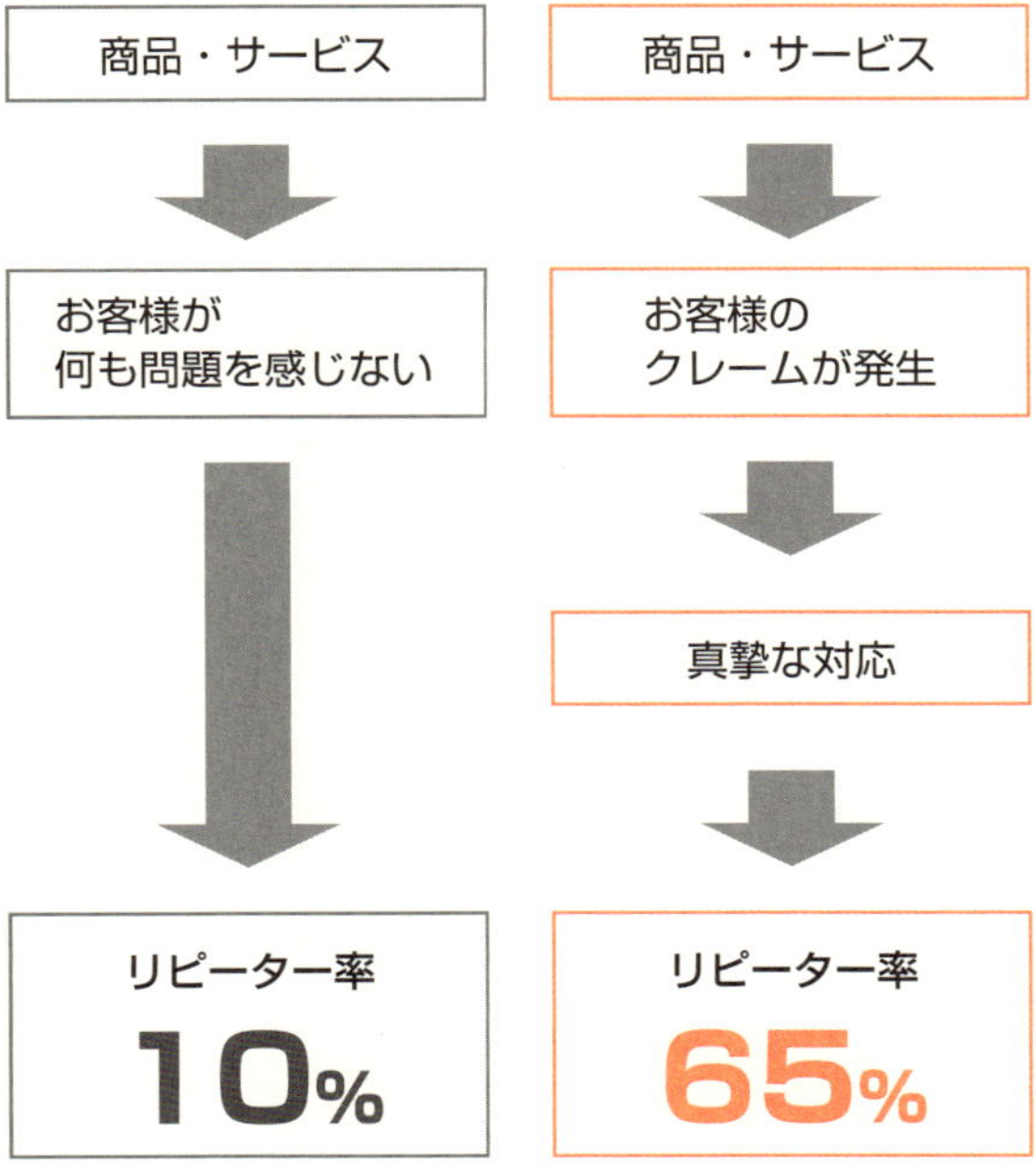

Point

クレームはビジネスを拡大するチャンス

したがってディズニーランドは、クレームに対するお客様の要求を真摯に聞き入れ、問題を正攻法で解決していく組織環境をつくっています。スタッフ一人ひとりの実力を向上させることによって、お客様からの信頼を勝ち得ることができると考えているのです。

具体的には、ゲストからの手紙が届いたら、すべて返事を出します。クレームの手紙には対処の内容と今後の対応、そして謝罪の言葉を書き、非売品のディズニー専門の小冊子「ファミリー・エンターテインメント」などを同封して送付し、再来園を促すようにしているのです。

マーケットリサーチで毎日変化

アメリカでエクセレントカンパニーといわれ、『フォーブス』誌の500社ランキングに名を連ねていた企業が、1974年から1984年の10年間に、3分の1も消滅してしまいました。ある時点で大企業として一世を風靡《ふうび》していても、決して安心できない世の中です。現在はこの傾向が、ますます強くなっています。

トップ企業であればあるほど、その地位に安住することなく、フレキシブルに生きていく姿勢がなければ、ある日突然、凋落してしまうこともあり得るのです。

東京ディズニーランドは前述のとおり、オープン前から大規模なリサーチを行ない、その後ＩＥを取り入れ、マーケットリサーチを続けてきました。パーク内のアトラクションを毎日革新するだけではなく、イクスピアリやディズニーランドの直営ホテル、ディズニーシーなどをつくりました。さらに、近隣のエンターテインメント施設などとのバランスをとりながら、時代に合わせてホスピタリティある環境を提供できるようにしているのです。

アトラクションは「惜しまれながら」変える

企業が独自の商品やサービスなどを新たに開発・創造したとしても、それが未来永劫《えいごう》受け入れられるとはかぎりません。

企業が新しいものを創造したとき、周囲ではそれをベースにした次の新しい取り組みがもうスタートしています。

現在の情報化の波は、新しい商品などの優位性をある期間保つことができた「リードタイム」をほとんどなくしてしまいました。すぐにモノマネからスタートし、二番煎《せん》じでも最初の開発品を追い越すことができるようになったのです。

一度創造してしまえば、それによって永遠に企業を継続できるという時代ではありません。つまり「創造」は「通過点」にすぎません。

次に目指すべき方向性が、クレームマネジメントの中にシーズとして眠っている可能性があります。独自のものを創造するための重要な情報源になるのです。

東京ディズニーランドでは、当初の「レーザーショー」や「エレクトリカルパレード」のように好評を博していても、ゲストから「惜しまれながら」新しいものに変えた例も少なくありません。

大胆に変革を繰り返し、アトラクションなどの内容を変更する。新しい施設をつくり、新商品を開発し、またサービスの質を高め続けてきた結果、アメリカ本国のディズニーのトップですら、東京ディズニーランドがディズニーグループの中でいちばん成功していることを認めるようになったのです。つまり、本家すらもうならせるような環境をつくり上げてきたのです。

300冊を超えるマニュアル

スタッフにとって、クレーム対応はあまり気乗りするものではありません。つい面倒くさいと思いがちです。そんな気持ちで対応したのでは、決してゲストを感動させることはできません。当然、リピートにもつながりません。

お客様からのクレームがなくなるような対応が図れれば、しっかりとしたオペレーションのしくみづくりができあがっていることの証明になります。しかし、クレームがゼロになることは決してありません。クレームに対して真摯に対応し続けることは企業の成長拡大にとって重要なことです。

東京ディズニーランドにある300冊以上のマニュアルは、ウォルト・ディズニーが好きで、ディズニーランドを心から愛してやまない熱意と情熱を持った多くのスタッフが、ゲストからのクレームを一つひとつ解決してきた結果です。まさに、汗と涙の結晶で、そのノウハウが蓄積されています。

これらのマニュアルは、今もブラッシュアップされ続けています。ゲストにホスピタリティサービスを提供し続けるためのオペレーションシステムといえるでしょう。

キャストの質の向上がクレームを防ぐ

企業が成長し、業績を拡大させていくための最大のポイントは、何といっても、そこで働く従業員の質を高めることにほかなりません。

すでに述べましたが、ディズニーランドの準社員研修で行なう「グッドショー・バッドショー」のクラスでは、初歩の段階から基本的な善悪の判断をつけさせます。これによって、キャストに対するゲストの第一印象が良くなり、クレームを防ぐ効果にもつながります。

この研修自体も、クレームを出させない環境づくりをするという意味では、クレームマネジメントの一環です。先に紹介したパークツアーやパークウオークスルーも同じような効果を持っています。

「企業の質」とは「仕事の質」であり、これは最終的に「人の質」に比例するのです。

ゲストが感動するサービスは、「人の質」を高める「仕組み」と「環境」にあるのです。

※本書は、２００４年7月、経林書房より刊行された
『ディズニーランドの「ホスピタリティ」はここが違う』
を再編集のうえ改題し、文庫化したものです。

小松田　勝(こまつだ　まさる)

1951年生まれ。慶應大学中退後、シズラーステーキジャパンでオープン店店長を経験し、その後、懐石料理店店長、チェーンスーパーバイザーを経て、83年1月、オリエンタルランドに入社。東京ディズニーランドのオープン時、食堂部教育担当として、準社員研修制度、新卒研修制度、スポンサー研修、IE、職位別・業種別研修制度、教育訓練制度、マニュアル作成などを担当する。また、品質管理事務室長としてQC活動の実施、運営にあたる。人事部診療所スーパーバイザーとして、避難訓練計画や救護研修計画の作成と実施、ゲストの診療体制、キャストの健康管理体制作りを担当する。

87年よりコンサルティングファームにて、レジャー、ホテル、飲食業などサービス業を中心に、教育訓練や講演、コンサルティングを行なう。93年1月よりマネジメント&ネットワーク オフィスを設立し、海外企業、テーマパーク、リゾートホテル、病院、学校、高速道路会社などのコンサルティング、教育を手掛ける。

企業カラーは「教育訓練およびCSやホスピタブルサービスを、ディズニーのように、スタッフのセルフマネジメント力を高めて行う組織開発」。マーケティング、リーダーシップ、コンセプトやオペレーション、ゴールドスタンダードの企画開発・作成、教育訓練体系・人材育成システムの開発などのコンサルティング、講演活動を行なう。

春・秋の企業派遣スクールを開校。99年2月より、東京銀座で、年4回のフリーセミナー、ATMS (Afternoon-Tea Management Seminar)を主宰。

2009年度より、名古屋文理大学非常勤講師(「ホスピタリティー論」を担当)

著書に『東京ディズニーランド「継続」成長の秘密』(商業界
中国語版、台湾版、韓国語版に翻訳される)、『ディズニーランド「キャスト」育成ノウハウ』(経林書房)、『人の心に魔法をかける
ディズニーランドの教え』(かんき出版)など。

本書の内容に関するお問い合わせ先
中経出版編集部　03(3262)2124

中経の文庫
図解でわかる!　ディズニー　感動のサービス
2011年9月1日　第1刷発行
2013年8月6日　第15刷発行

著者　小松田　勝（こまつだ　まさる）
発行者　川金　正法
発行所　㈱中経出版
〒102-0083
東京都千代田区麹町3の2　相互麹町第一ビル
電話 03(3262)0371(営業代表)
03(3262)2124(編集代表)
FAX03(3262)6855　振替　00110-7-86836
http://www.chukei.co.jp/

DTP／マッドハウス　印刷・製本／錦明印刷

乱丁本・落丁本はお取替え致します。

ISBN978-4-8061-4159-4　C0134